大美国学 左传

季旭昇 总策划
文心工作室 编著

中央编译出版社
Central Compilation & Translation Press

京权图字 01-2023-0388 号

中文經典 100 句：左傳
中文簡體字版©2023 由中央編譯出版社發行
本書經城邦文化事業股份有限公司商周出版事業部授權，
同意經由中央編譯出版社，出版中文簡體字版本。
非經書面同意，不得以任何形式任意重製、轉載。

图书在版编目（CIP）数据

左传 / 文心工作室编著. —北京：中央编译出版社，2023.7
（大美国学）
ISBN 978-7-5117-4272-8

Ⅰ．①左… Ⅱ．①文… Ⅲ．①《左传》-通俗读物 Ⅳ．①K225.04-49

中国版本图书馆 CIP 数据核字（2022）第 176664 号

左传

责任编辑	苗永姝
责任印制	刘　慧
出版发行	中央编译出版社
地　　址	北京市海淀区北四环西路 69 号（100080）
电　　话	（010）55627391（总编室）　（010）55625179（编辑室） （010）55627320（发行部）　（010）55627377（新技术部）
经　　销	全国新华书店
印　　刷	佳兴达印刷（天津）有限公司
开　　本	880 毫米×1230 毫米　1/32
字　　数	219 千字
印　　张	10.625
插　　图	12
版　　次	2023 年 7 月第 1 版
印　　次	2023 年 7 月第 1 次印刷
定　　价	65.00 元

新浪微博：@中央编译出版社　**微　信**：中央编译出版社（ID：cctphome）
淘宝店铺：中央编译出版社直销店（http://shop108367160.taobao.com）
　　　　　（010）55627331

本社常年法律顾问：北京市吴栾赵阎律师事务所律师　闫军　梁勤
凡有印装质量问题，本社负责调换，电话：（010）55626985

春秋序

春秋者魯史記之名也記事者以事繫日以日繫月以月繫時以時繫年所以紀遠近別同異也故史之所記必表年以首事年有四時故錯舉以為所記之名也周禮有史官掌邦國四方之事達四方之志諸侯亦各有國史大事書之於策小事簡牘而巳孟子曰楚謂之檮杌晉謂之乘而魯謂之春秋其實一

也韓宣子適魯見易象與魯春秋曰周禮盡
在魯矣吾乃今知周公之德與周之所以王
韓子所見蓋周之舊典禮經也周德既衰官
失其守上之人不能使春秋昭明赴告策書
諸所記注多違舊章仲尼因魯史策書成文
考其眞僞而志其典禮上以遵周公之遺制
下以明將來之法其教之所存文之所害則
刊而正之以示勸戒其餘則皆即用舊史史

有文質辭有詳略不必改也故傳曰其善志
又曰非聖人孰能脩之蓋周公之志仲尼從
而明之左丘明受經於仲尼以為經者不刊
之書也故傳或先經以始事或後經以終義
或依經以辯理或錯經以合異隨義而發其
例之所重舊史遺文略不盡舉非聖人所修
之要故也身為國史躬覽載籍必廣記而備
言之其文緩其旨遠將令學者原始要終尋

其枝葉究其所窮優而柔之使自求之饜而
飫之使自趨之若江海之浸膏澤之潤渙然
冰釋怡然理順然後為得也其發凡以言例
皆經國之常制周公之垂法史書之舊章仲
尼從而脩之以成一經之通體其微顯闡幽
裁成義類者皆據舊例而發義指行事以正
褒貶諸稱書不書先書故書不言不稱書曰
之類皆所以起新舊發大義謂之變例然亦

有史所不書卽以爲義者此益春秋新意故傳不言凡曲而暢之也其經無義例因行事而言則傳直言其歸趣而已非例也故發傳之體有三而爲例之情有五一曰微而顯文見於此而起義扞彼稱族尊君命舍族尊夫人梁亡城緣陵之類是也二曰志而晦約言示制推以知例叅會不地與謀曰及之類是也三曰婉而成章曲從義訓以示大順諸所

諱辟璧假許田之類是也四曰盡而不汙直書其事具文見意丹楹刻桷天王求車齊侯獻捷之類是也五曰懲惡而勸善求名而亡欲蓋而章書齊豹盜三叛人名之類是也此五體以尋經傳觸類而長之附于二百四十二年行事王道之正人倫之紀備矣或曰春秋以錯文見義若如所論則經當有事同文異而無其義也先儒所傳皆不其然荅曰

春秋雖以一字爲褒貶然皆須數句以成言非如八卦之爻可錯綜爲六十四也固當依傳以爲斷古今言左氏春秋者多矣今其遺文可見者十數家大體轉相祖述進不成爲錯綜經文以盡其變退不守丘明之傳有所不通皆沒而不說而更膚引公羊穀梁適足自亂預今所以爲異專修丘明之傳以釋經經之條貫必出於傳傳之義例

總歸諸凡推變例以正褒貶簡二傳而去異
端蓋丘明之志也其有疑錯則備論而闕之
以俟後賢然劉子駿創通大義賈景伯父子
許惠卿皆先儒之美者也末有潁子嚴者雖
淺近亦復名家故特舉劉賈許潁之違以見
同異分經之年與傳之年相附比其義類各
隨而解之名曰經傳集解又別集諸例及地
名譜第歷數相與為部凡四十部十五卷皆

顯其異同從而釋之名曰釋例將令學者觀
其所聚異同之說釋例詳之也或曰春秋之
作左傳及穀梁無明文說者以為仲尼自衛
反魯脩春秋立素王丘明為素臣言公羊者
亦云黜周而王魯危行言孫以辟當時之害
故微其文隱其義公羊經止獲麟而左氏經
終孔丘卒敢問所安答曰異乎余所聞仲尼
曰文王旣沒文不在茲乎此制作之本意也

歎曰鳳鳥不至河不出圖吾已矣夫蓋傷時王之政也麟鳳五靈王者之嘉瑞也今麟出非其時虛其應而失其歸此聖人所以為感也絕筆於獲麟之一句者所感而起固所以為終也曰然則春秋何始於魯隱公答曰周平王東周之始王也隱公讓國之賢君也考乎其時則相接言乎其位則列國本乎其始則周公之祚胤也若平王能祈天永命紹開

中興隱公能弘宣祖業光啓王室則西周之美可尋文武之迹不隊是故因其歷數附其行事采周之舊以會成王義垂法將來所書之王即平王也所用之歷即周正也所稱之公即魯隱也安在其黜周而王魯乎子曰如有用我者吾其爲東周乎此其義也若夫制作之文所以章往考來情見乎辭言高則旨遠辭約則義微此理之常非隱之也聖人包

周身之防旣作之後方復隱諱以辟患非所聞也子路欲使門人爲臣孔子以爲欺天而云仲尼素王丘明素臣又非通論也先儒以爲制作三年文成致麟旣已妖妄又引經以至仲尼卒亦又近誣據公羊經止獲麟而氏小邾射不柱三叛之數故余以爲感麟而作作起獲麟則文止於所起爲得其實至於反袂拭面稱吾道窮亦無取焉

目　录

导　读　先秦史学的最高成就《左传》　001

哀乐失时，殃咎必至（隐公元年—庄公三十二年）　001

多行不义，必自毙，子姑待之　003

孝子不匮，永锡尔类　007

信不由中，质无益也　011

大义灭亲，其是之谓乎　014

礼，经国家，定社稷，序民人，利后嗣者也　017

政成而民听，易则生乱　020

圣王先成民而后致力于神　023

名有五，有信，有义，有象，有假，有类　026

匹夫无罪，怀璧其罪　029

师克在和，不在众　032

苟信不继，盟无益也　035

慎守其一，而备其不虞　038

女有家，男有室，无相渎也　041

并后，匹嫡，两政，耦国，乱之本也　044

不知其本，不谋；知本之不枝，弗强　047

一鼓作气，再而衰，三而竭 051

妖由人兴也 055

王命诸侯，名位不同，礼亦异数，不以礼假人 058

哀乐失时，殃咎必至 061

酒以成礼，不继以淫，义也 064

俭，德之共也；侈，恶之大也 067

国将兴，听于民；将亡，听于神 070

心苟无瑕，何恤乎无家（闵公元年—僖公三十三年） 073

戎狄豺狼，不可厌也；诸夏亲昵，不可弃也；宴安酖毒，
　　不可怀也 075

国将亡，本必先颠，而后枝叶从之 078

心苟无瑕，何恤乎无家 081

一国三公，吾谁适从 085

谚所谓辅车相依，唇亡齿寒者，其虞虢之谓也 088

招携以礼，怀远以德 091

欲加之罪，其无辞乎？ 094

皮之不存，毛将安傅？ 097

下民之孽，匪降自天，僔沓背憎，职竞由人 100

以欲从人，则可；以人从欲，鲜济 103

师直为壮，曲为老 106

因人之力而敝之，不仁；失其所与，不知；以乱易整，
　　不武 110

轻则寡谋，无礼则脱　114

文不犯顺，武不违敌　118

畏首畏尾，身其余几（文公六年—成公十八年）　121

闰以正时，时以作事，事以厚生，生民之道，于是乎在矣　123

天生民而树之君，以利之也　126

畏首畏尾，身其余几？　129

仁而不武，无能达也　132

夫武，禁暴、戢兵、保大、定功、安民、和众、丰财者也　135

民之多幸，国之不幸也　139

知难而有备，乃可以逞　142

唯器与名，不可以假人　145

欲勇者贾余余勇　148

明德，务崇之之谓也；慎罚，务去之之谓也　151

信以行义，义以成命　155

不背本，仁也；不忘旧，信也；无私，忠也；尊君，敏也　158

在肓之上，膏之下，攻之不可，达之不及，药不至焉，不可为也　161

圣达节，次守节，下失节　164

德、刑、详、义、礼、信，战之器也　167

唯圣人能外内无患　170

我以不贪为宝，尔以玉为宝（襄公元年—襄公三十一年） 173

称其雠不为谄，立其子不为比，举其偏不为党 175

师众以顺为武，军事有死无犯为敬 178

过而不悛，亡之本也 181

思则有备，有备无患 184

让，礼之主也 187

我以不贪为宝，尔以玉为宝 190

夫上之所为，民之归也 193

美疢不如恶石，夫石犹生我，疢之美其毒滋多 196

大上有立德，其次有立功，其次有立言 199

不言，谁知其志？言之无文，行而不远 202

弈者举棋不定，不胜其耦，而况置君而弗定乎？ 205

天生五材，民并用之，废一不可，谁能去兵？ 208

夫富，如布帛之有幅焉，为之制度，使无迁也 211

五声和，八风平，节有度，守有序，盛德之所同也 214

其所善者，吾则行之；其所恶者，吾则改之，是吾师也 217

君子务知大者、远者，小人务知小者、近者 220

无乃包藏祸心以图之（昭公元年—昭公三十二年） 223

无乃包藏祸心以图之 225

虽有饥馑，必有丰年 228

不义而强，其毙必速 231

先王之乐，所以节百事也 234
凡有血气，皆有争心，故利不可强，思义为愈 237
不道，不共；不昭，不从 240
末大必折，尾大不掉 243
从善如流，下善齐肃 247
数典而忘其祖 250
夫大国之人令于小国，而皆获其求，将何以给之？一共一否，
　为罪滋大 253
唯有德者能以宽服民，其次莫如猛 256
使民不安其土，民必忧，忧将及王，弗能久矣 259
礼之可以为国也久矣，与天地并 262
夫举无他，唯善所在，亲疏一也 265
愿以小人之腹，为君子之心 268
夫物，物有其官，官修其方，朝夕思之 271
礼也者，小事大、大字小之谓 274
名之不可不慎也如是：夫有所有名而不如其已 277
社稷无常奉，君臣无常位，自古以然 280

树德莫如滋，去疾莫如尽（定公元年—哀公二十七年）
　283
大事奸义，必有大咎 285
启宠纳侮，其此之谓矣 288
困兽犹斗，况人乎 291

子能复之，我必能兴之 295

人各有能有不能 298

尤人而效之，非礼也 301

三折肱知为良医 305

富而不骄者鲜，骄而不亡者，未之有也 308

树德莫如滋，去疾莫如尽 311

越十年生聚，而十年教训 314

国之兴也，视民如伤，是其福也；其亡也，以民为土芥，是其祸也 317

勤恤其民，而与之劳逸，是以民不罢劳，死知不旷 320

是食言多矣，能无肥乎？ 323

导　读

先秦史学的最高成就《左传》

《左传》的全名为《春秋左氏传》，又称《左氏春秋》。《左传》既是一部历史著作，也是一部阐释《春秋》微言大义的思想著作。《春秋》为中国最早的编年史，记载了鲁国自隐公元年（公元前722年）至哀公十四年（公元前481年）二百四十多年间的史实，相传为孔子所修。《春秋》是中国第一部编年体史书，但它仅以简括的历史大纲记下事件，精微的义理、复杂的史事都不易领会。《左传》则是以完整的结构、详细的叙事及生动的笔法来阐释《春秋》。《左传》与《公羊》、《谷梁》合称三传，与《春秋》互为表里，三传的内容主要在于解释《春秋》的经文。不过，《左传》除了侧重历史叙事外，有时也与《公羊》、《谷梁》一样解释经文的意义，因此，《左传》可以说是结合了"以史传经"与"以义传经"的特点。

一、《左传》的作者

《左传》的作者历来争议颇多，主要有两派说法，一派沿袭司马迁《史记》之说，认为《左传》的作者为鲁君子左丘明，汉、魏之人如班固、杜预，对此均无异说。不过，到了唐代，反对《左传》的作者为左丘明的看法开始出现，唐人赵匡首先怀疑《左传》并非左丘明所作，左丘明应该是孔子之前的贤人，如周文王时史官史佚、商朝贤史迟任之流。宋郑樵认为《左传》里叙述晋国和楚国的事情最为详细，左丘明可能是楚国人，而非鲁国人。清代不少大儒主张左丘明作《左传》，如俞正燮、刘师培、章太炎等；不过，姚鼐认为《左传》并非出自一人之手，但应与吴起有关，后来章炳麟和近人钱穆先生也都支持吴起作《左传》之说。晚近学者在面对这个问题时，意见仍显分歧。有人从《左传》关于魏事的叙述、预言的应验、秦事记载的减少三项理由，推测《左传》应是战国初期魏人的作品。也有人认为《左传》作者既不是《论语》里的左丘明，也没有另一位左丘明，《左传》作者可能受孔丘影响，但应是儒家别派，这是由于"子不语怪、力、乱、神"。更有人提出，看待《史记》中这段有关左丘明的记载，在没有拿出强有力的反证之前，我们不能过度怀疑古籍，这是处理文献资料的基本原则。近二三十年，愈来愈多的地下出土文物证明，古书在流传的过程中，往往会被后人添加或修改，因为这些后人的添加或修改的部分，就怀疑传统旧说，其实是没有必要的。

二、《左传》的成书年代

《左传》的成书年代也是众说纷纭，大致上可分为两种说法：一是春秋时期，二是战国时期。

同意司马迁说法的人，大多肯定《左传》成书于春秋时期。相反地，反对《左传》的作者为左丘明的人，则认为《左传》的成书年代当在战国时期。晚近学者有人根据《左传》内容的叙述，判断《左传》的成书应在魏开始强大、赵的内乱未定、秦和东方诸国隔绝的时期，约公元前四世纪的初期。有人从预言被证实的，乃是作者亲眼所见；预言不灵验的，为作者来不及亲眼看见，据以推测《左传》成书于公元前 403 年魏斯为侯之后。还有人比较《左传》文法与战国时期、汉初书籍的文法，判断可能成书于公元前 468 年至公元前 300 年之间。

《左传》的成书时期，与作者的问题同样，我们可以理解为：《左传》著于左丘明之手，但可能在左丘明之后还陆续有人添补，并不全部是左丘明一人及一时之作。

三、《左传》的思想内容

贯穿《左传》全书的内容，主要是借由历史叙事强调"德"与"礼"的重要性，并从中展现"崇德重礼"与"民本"思想之重要性。

庄公三十二年（公元前662年）提到："国之将兴，明神降之，监其德也；将亡，神又降之，观其恶也。故有得神以兴，亦有以亡，虞、夏、商、周皆有之。"这段话说明国之兴亡与神的关系并不大，神的出现只是一个契机，关键落在有"德"与否，反映周人赋予"德"品性意义，并且与上天的庇佑联系起来，认为若能"敬德"、"修德"，即可"配命"、"保民"。于是，西周初年，崇德与否成为评判是非的准则。

又说："国将兴，听于民；将亡，听于神。神聪明正直而壹者也，依人而行。"若不以民为心，终将招致灭亡，这是由于"神"是聪明正直的，依人的道德而给之，这就是西周初年以来"以民为本"的"民本"思想的继承及发扬。

"礼，经国家，定社稷，序民人，利后嗣者也。""礼"成为国家存在、社会秩序的支柱，维系个人生命，"礼"可以说是一个总括性的道德规范，当中包括"仁"、"孝"、"忠"、"义"、"信"等道德纲目。在《左传》叙事里，经常可见强调"德"与"礼"的重要性。襄公七年（公元前566年），卫国的孙文子前来鲁国聘问，同时答谢季武子聘问卫国的话，重温以前孙桓子与鲁国结盟的友好关系，行聘礼时，鲁襄公登上殿阶一级，孙文子同时登上一级，并肩而上。穆叔曰："孙子必亡。为臣而君，过而不悛，亡之本也。"表示孙文子身为下臣，竟与国君并肩而行，此乃无礼的表现，未来必定遭致灭亡。

有礼、无礼常作为人是否有德的依据，有了过错而不知悔改，这是灭亡的根本原因。"德为礼之本，礼为德之则"，"崇德重礼"不仅构成《左传》的主要思想内容，也成为中国古代重要的思想内涵。

四、《左传》的价值及对后世的影响

《左传》是一部完备详密的编年体史书，这种以年代为线索编排相关历史事件，能反映出同一时期各个历史事件的关系，按时间顺序记载史事的方式，也成为后代编年体史书的先河。《左传》叙述对象涵盖五伯、诸侯、忠臣、乱贼，叙述范围之广，涉及了古代各种古史传说、礼仪风俗、名物食货、天文地理等，这些无不成为后世史书中本纪、世家、列传、书志之体的源头。《左传》除了具有史学价值外，同时在经学、子学、文学方面也同样极具价值，并有几项贡献，影响后世深远：

（一）《左传》具有羽翼六经的功劳

《左传》叙事常引用《诗》、《书》、《易》等经书，融合了古代先哲的思想，富有深厚的历史文化。由于《左传》常引用中国古代典籍《诗》、《书》、《礼》、《乐》、《易》、《春秋》的内容，使得《六经》原本简略且堂奥的内涵，变得容易为后世所理解，为此，后人称《左传》有羽翼六经的功劳。

例如成公二年（公元前589年）楚庄王讨伐陈国，陈国的夏姬被俘虏到楚国，楚庄王为夏姬的美貌所倾倒，有意纳她为妾，此时楚国大夫申公巫臣引《周书》"明德慎罚"的古训，表示发扬德礼的美德，要致力于崇尚美德；慎用刑罚，甚至要致力于不用刑罚。申公巫臣即是以这番话力劝楚庄王不要为此留下淫荡的罪名，打消纳夏姬为妾的念头。《周书》"明德慎罚"之古训正由于有楚庄王这样的历史故事为这句话下了注脚，也因此让我们更明白古训所要传达的意义。

（二）《左传》有助于对子学思想之认识

先秦诸子百家的思想种子有些在《左传》里即已萌芽，透过《左传》历史事件的发展与陈述，有助于后人理解子学思想深刻的义理。《左传》叙事记言多以儒家道德为准绳，例如"让"的概念。齐国发生内乱，其中有陈、鲍两家想借机瓜分另外栾、高两家的财产，但晏婴听后对陈桓子说，财产一定要交给国君，并且说："让，德之主也。"谦让，是德行的主干。"让之谓懿德。凡有血气，皆有争心，故利不可强，思义为愈。"让给别人叫做美德。凡是有血气之人，都有争夺之心，所以利益不能强取，想着道义就能胜过别人。"义，利之本也。"道义，是利益的根本。于是，陈桓子听了晏婴的话，将栾氏、高氏的财产都献给了齐景公，然后自己告老退休隐居在莒地。面对人性争夺之心，晏婴正是以谦让、道义等美德，打消卿大夫的一己私欲，从而维护了国家应有的利益。后来《论语·里仁》亦云："不能以礼让为国，如礼何？"当中亦即体现儒家"让"的道义思想。

（三）《左传》是叙事文学的典范

《左传》的叙事语言，无论在战役叙述、人物形象、外交辞令的表述上，均成为后世叙事文学的典范。

一、战役叙述

《左传》特别重视人在战争中的关键作用,不但借此预示战役的结果,并呈现每场战役的独特叙事面貌。同样叙述战争,《左传》写僖公二十八年晋楚城濮之战时,除了将两国交战的情况形容得绘声绘色之外,对于楚国统帅楚子玉为人骄矜、治兵刚暴的态度也着墨不少;写僖公三十三年秦晋殽之战时,则将笔墨落在秦国趁人之危、劳师远袭的关键上,以蹇叔哭师预示战败的结果,并以秦穆公素服郊次、自悔已过的态度,表现出秦穆公大业未竟的遗憾。

二、人物形象

在人物形象的刻画上,例如叙述"郑伯克段于鄢",通过大臣祭仲、公子吕多次规劝的对话中,烘托了郑庄公老谋深算的性格。祭仲认为郑庄公的弟弟段请京地不合法度,并以蔓草比喻段,要郑庄公赶紧除之,郑庄公表面上佯装孝子声称不敢违逆母亲之意,其实他对于段的意图了然于胸,也明白"将欲取之,必先予之"的道理,因此他对祭仲说:"多行不义,必自毙。子姑待之。"一个"待"字反映出他内心早有预谋。当公子吕用激将法力谏必须立刻除掉段时,郑庄公说:"无庸,将自及。"二度进谏,庄公又答:"不义,不昵,厚将崩。"可见郑庄公已暗自盘算好对付段的方式,只是欲擒故纵地等待一举歼灭的时机,好让段自毙、自崩。若太早向段动武,段可能有所警戒而不敢轻举妄动,如此一来便出师无名,难以成功。于此可见《左传》善于透过言行举止的特点,将人物性格刻画得鲜明生动。

三、外交辞令

所谓"辞令"是指应对的言语，而"外交辞令"则是指国际外交场合常为顾及许多因素，含蓄深刻、进退得宜的说法。《左传》在外交辞令的表述上留下不少成功的言论，"烛之武退秦师"即是一例。

僖公三十年，由于当年晋文公流亡在外时，郑国国君没有以礼相待，加上城濮之战时，郑国出兵协助楚国，于是晋国便联合秦国出兵围郑。郑国大夫烛之武身段柔软、能言善道，向秦穆公逐条分析若郑国灭亡，对秦国而言实有百害而无一利，遂使秦穆公打消了围郑的念头，还与郑国订立盟约，派人戍守郑国。正因为烛之武出色的外交辞令，从局势与利益观点的层层剖析，郑国因而免于灾祸，借此能看到《左传》表现在外交辞令上的高明之处。

近代学者梁启超说："专以文学为目的，《左传》亦应在精读之列。"又说，《左传》为两千年前最可宝贵之史料。当代史学大师钱穆先生也说过："我们要读古代的中国史，我们便应该拿这部《左传》作我们研究的一个基准。"足见《左传》实为先秦时代相当重要的史学著作，值得我们阅读再三。

哀乐失时,殃咎必至

（隐公元年—庄公三十二年）

多行不义，必自毙，子姑待之

名句的诞生

公曰："姜氏欲之，焉辟[1]害？"对曰："姜氏何厌[2]之有？不如早为之所[3]，无使滋蔓！蔓，难图[4]也。蔓草犹不可除，况君之宠弟乎！"公曰："多行不义，必自毙，子姑待之。"

——隐公元年

完全读懂名句

1. 辟：避。2. 厌：同"餍"，满足。3. 所：处所，地方。4. 图：谋取、对付。

语译：郑庄公说："这是母亲姜氏的意思，我又怎能避开祸害呢？"（祭仲）说："姜氏的欲望哪有满足的时候？不如早日将您的弟弟处理好，不要使得事情无限制地蔓延！事情若是蔓延开来，日后就会难以应付了。荒野间滋生的蔓草，尚且除不尽，更何况国君您的弟弟所引发的事件呢！"郑庄公说："一个人若总是做不正当的事情，时间一久，一定会遭遇到失败的命运，你就等着看吧。"

名句的故事

翻开《左传》，第一个影响深远的事件便是"郑伯克段于鄢"，发生在鲁隐公元年。《左传》记载了在此之前的事，清楚交代事件始末。

周天子东迁后，郑武公为王室卿士，辅佐有功，郑国在他当政时期强盛起来。郑武公尚未登基前，迎娶申国的姜姓女子，她嫁给郑武公后，按照当时习惯称为武姜。武姜生第一胎时，因胎位不正几乎难产，好不容易才生下孩子。据说婴儿是脚先从妈妈的身体露出来，武姜便不喜欢他，取名寤生，表示出生时与他人不同。

三年后，武姜再次临盆，顺利产下另一名男婴，取名段，人们也称其大叔段。武姜偏爱这个小孩，屡次向郑武公请求封大叔段为继承人。这样做违反宗法制度，郑武公并未答应。郑武公过世后，嫡长子寤生继位，是为郑庄公。武姜不死心，屡次以母亲的身份，请求郑庄公封一块地给大叔段。一次，武姜替大叔段请命，希望将制邑封给大叔段，郑庄公说："这块地是军事重地，以前虢叔战败死于此，是块凶地，不适合赏赐给弟弟。还是请母亲选择其他地方。"不久，武姜再次请求将京邑封给大叔段，这次郑庄公表示同意。

大叔段有了自己的封地后,逐步发展自己的势力,并大肆扩建旧城。大臣祭仲得知后,劝谏郑庄公说:"一个国家中,每个城邑都有一定的建造规模,像京邑这样的都城,只能是国都的三分之一。大叔段违反规定,扩大城邑,我怕他会带来祸乱啊!"郑庄公听了却说:"将这块地封给他,是母亲的意思,他仗着母亲的力量行事,我也没办法啊!"祭仲进一步劝道:"武姜的贪念不会有满足的一天。不如早点制止您弟弟的行为,以免后患。"郑庄公说:"坏事做多了,一定会自取灭亡的,你就等着看吧!"

不久,大叔段将势力发展至京邑附近其他地区,迫使当地居民臣服。郑国大夫公子吕也来劝谏郑庄公:"一个国家不能有两个国君,不然您的威信一定会减弱。国君若想将权位交给大叔段,那我只好去侍奉他。若不是如此,请您赶快制止,不要让人民手足无措啊!"郑庄公回答:"以后他会自食恶果的。"

又过一段时间,公子吕见大叔段的行为更加放肆,再次提出谏言:"现在应可出兵讨伐,不然他的势力将与您抗衡了!"郑庄公答道:"他的领地看似愈来愈大,但他行为不轨,不会得到人民支持,领地再大也没用!"郑庄公仍按兵不动。直到大叔段完成谋反的准备,与母亲武姜串通好,一内一外,企图发动政变夺取君位。然而郑庄公早有准备,暗中布署好,等大叔段一有行动便歼灭其势力。大叔段的政变宣告失败,他也逃离了郑国。

"多行不义,必自毙",指摘武姜与大叔段违反了身为人母、臣子的伦常。然而身为兄长与国君的郑庄公,没有及时纠正大叔段,反而有意让弟弟一步步陷入大错,酿成伦常悲剧。作为《左传》首篇，透过人物的言行，显现各自内心的"算计"，除了反映普遍的道理，也刻画郑庄公冷血无情的一面，令人深思。

历久弥新说名句

《论语·述而》中言："不义而富且贵，于我如浮云。"《孟子·公孙丑上》有："行一不义，杀一不辜，而得天下，皆不为也。"《荀子·王霸》云："行一不义，杀一无罪，而得天下，仁者不为也。"足见儒家贤哲是羞于与不义之行为伍的。

但想要说服春秋战国时期野心勃勃的君主并不容易，他们经常打着"义"的名号发动战争，把侵略他国土地视为收服诸侯的正义之举。向来主张反战的墨子，不忍百姓终日处于战祸中，故在《墨子·非攻下》提出："督以正，义其名，必务宽吾众，信吾师，以此授诸侯之师，则天下无敌矣。"希望各国君主能秉持公正去督导别人，以道义立名天下，务必宽待自家百姓，信任自家军队，以此援助他国诸侯的军队，这样就可以天下无敌了！显然地，对墨子而言，君主只有做出对国家百姓有利的事，才算是行真正的义。

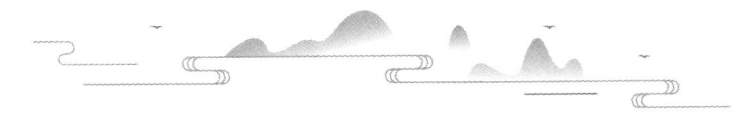

孝子不匮，永锡尔类

名句的诞生

君子曰："颍考叔，纯孝也，爱其母，施¹及庄公。《诗》曰：'孝子不匮²，永锡³尔类'，其是之谓乎。"

——隐公元年

完全读懂名句

1. 施：延伸。2. 匮：竭尽。3. 锡：赐。

语译：君子说："颍考叔真是一位非常孝顺的人啊！不仅孝顺自己的母亲，影响更及于庄公。《诗经》上说：'只要孝顺的人没有消失殆尽，孝顺之心将长久赐予你们宗族。'就是在说颍考叔啊！"

名句的故事

在"郑伯克段于鄢"的历史事件中，不只是郑庄公与大叔段之间的权位争夺战，其中和他们的母亲武姜，也有着密切的关系。

当郑伯打败了亲弟弟之后，郑庄公便依国君的权力来惩处武姜与大叔段两人。大叔段在兵败后，已逃离郑国；郑庄公对母亲的处置是终身囚禁。由于庄公对于母亲武姜的叛变行为十分不满，因而在发落囚禁时，甚至发下毒誓说道："除非死后大家都在黄泉之地，不然今生绝不再与你相见！"（不及黄泉，无相见也！）日后，郑庄公自觉话说得太重，但碍于君无戏言，也只能暗自后悔，无可奈何。

当颍考叔听闻郑庄公囚禁武姜这件事后，决定献策帮庄公解围，于是前来向郑庄公请安问好，郑庄公也宴请他一起用餐。席间颍考叔刻意将肉类食物留着不吃，郑庄公见状颇感意外，问道："你怎么都不吃肉呢？是不是这肉煮得不好吃？"颍考叔回答道："不是的，国君。不是厨师煮得不好吃，而是我母亲还没尝过国君赏赐的肉羹，我想把它带回去给母亲享用。"此话一出，便让郑庄公想起囚禁武姜之事，叹了一口气，说："你有母亲，我却没有啊！唉！"颍考叔听完，便装作不知情，问道："怎么会呢？武姜不是国君您的母亲吗？"于是郑庄公将母亲与大叔段谋反以及自己囚禁母亲的事情，从头说了一遍。颍考叔便顺势献策道："国君您不用烦恼了，只要挖掘地道至有泉水的地方，在地道内母子相见，便不算违背誓言，您又何必感叹呢？"郑庄公听完，觉得甚有道理，便采用颍考叔的计策，挖了地道与武姜相见，母子言归于好。

由于颍考叔的献计，解除了郑庄公的难处，又让郑庄公与武姜恢复母子关系，《左传》便记录了有德君子的评论，称赞颍考叔的大孝之功。其中"孝子不匮，永锡尔类"一句，语出《诗经·大雅·既醉》，原指只要宗族间保有孝顺的传统，便能继续繁衍而不坠。在这里，其意义不限于宗族之间，而是扩及整个社会国家。由于颍考叔的孝心，进而牵动了郑庄公的孝心，于是郑庄公与武姜得以团聚，显示出孝道具有移风易俗的一面。

历久弥新说名句

《孔子家语·困誓》中记录了一段孔子与子贡的对话。有一天，子贡向孔子请示说："最近我常常觉得平日读书、做人处世都遇到了瓶颈，我想要辞去大夫的职位，不知道可不可行？"孔子便说："《诗经》有句话说：'温恭朝夕，执事有恪。'无论早晚，对于自己该做的事都要秉持恭敬的态度去完成。这就是人臣侍奉之道中最难能可贵且不易做到的事，今天你不但没有尽力完成，反而想去逃避它，这怎么可以呢？"子贡又问："我能力有限，可不可以放弃事亲这一件事呢？"孔子说："同样地，《诗经》又有句话说：'孝子不匮，永锡尔类。'只要孝子永远都在，就可以长保宗族的命脉。这就是指事亲之道中，孝顺是最难能可贵且不易做到的事，今天你不但没有尽力完成，反而想去逃避它，这怎么可以呢？"从孔子与子贡的对话可以看出，孔子认为无论事君或事亲，皆要尽力而为，不可中途而废，而孝道不只是对父母的奉养，更重要的是内心永怀孝顺的心意，如此才称得上是事亲之道。

此外，《论语·学而》记录了孔子的弟子有子说的一段话："其为人也孝弟，而好犯上者，鲜矣；不好犯上，而好作乱者，未之有也。"其意是说：一个言行合乎孝、悌规范的人，很少会做出逾矩之事；至于言行合乎孝、悌规范，行为不逾矩，却喜欢制造社会动乱的人，根本不可能存在。短短数语之间，说出孝道与国家社会安定的关系。有子还接着说："君子务本，本立而道生。孝弟也者，其为仁之本与！"说明只要奉行孝、悌之道，就有机会成为仁人了。有子这一番话，也为"孝子不匮，永锡尔类"作了很好的注解。

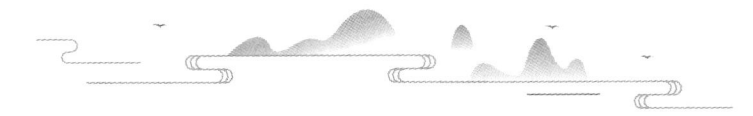

信不由中，质无益也

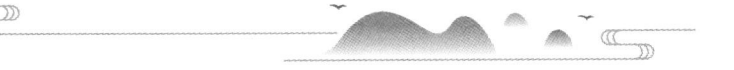

名句的诞生

信不由中[1]，质[2]无益也。明恕[3]而行，要[4]之以礼，虽无有质，谁能间[5]之？

——隐公三年

完全读懂名句

1. 中：同"衷"，内心。2. 质：交换人质。3. 恕：体谅。4. 要：约束。5. 间：离间。

语译：诚信不是发自内心，就算交换人质也没有用。行事互相体谅，并以礼加以约束，虽然没有交换人质，又有谁能离间他们呢？

名句的故事

继父亲郑武公之后，郑庄公也受到周天子平王的倚重，担任

哀乐失时，殃咎必至

卿士协助执政。但周平王不单授权给郑庄公，有时也会授权给西虢公。因为这件事，郑庄公对平王颇为不满。平王为了表示自己没有要冷落郑国的意思，跟郑国互相交换了人质，郑庄公的长子忽到周去，而王子狐则到郑国。

然而双方都未能守信。平王驾崩后，桓王即位，决定委任西虢公协助执政。郑国大为不满，先后派兵强割温地与成周的谷物。温是周王畿里的小国，成周是周的领地，郑国此举无疑是在挑衅周天子。周、郑因此交恶。

周为天下共主，郑为周的诸侯，却用交换人质这种相互制衡、威胁的方式来表示盟信，可见君臣之间的上下关系不但不稳，且无法彼此信任。然而，即使交换人质，最后还是言而无信，造成君臣关系进一步恶化。有德君子于是针对"周郑交质"一事提出评断，指出若非发自内心要守信，纵有再多规范也没有用。

从周郑交质到交恶的史事来看，诚信应当是内在道德的自律，而不只是徒具形式的约定，我们平日待人处事怎能不有所警惕呢？

历久弥新说名句

定约容易，守信却难。就连春秋时的霸主齐桓公也曾差点反悔。

齐桓公派兵伐鲁，鲁国将领曹沫三度败北。鲁庄公十分畏惧，决定献出土地向齐请求议和，两国因此于柯地会盟。正当仪式进行到一半时，不甘心的曹沫突然冲上前，以匕首劫持桓公，威胁他将侵略鲁国得到的土地全数交出。桓公同意后，曹沫才移开匕首，回到群臣所在的位子。危机一解除，桓公就后悔了。不仅欲杀之而后快，更不想履约。管仲劝道："杀了曹沫不过逞一时之快，但这样背信于诸侯的行为，反而会失去天下的支持，国君您还是守信归还鲁国的土地吧！"听管仲说得有理，桓公总算克制住被要挟的愤怒，将占得的鲁国土地全数归还。各地诸侯听闻桓公此举，纷纷前来依附，因此奠定桓公霸业的基础。

　　南朝刘勰在其文学批评巨著《文心雕龙》中也提到："信不由衷，盟无益也。"指出写作盟文最重要的是应当真诚恭敬，能问心无愧。若非发自内心，盟约是没有用处的。"盟"是指在神明面前祝告的文辞，在夏禹、商汤和周武王时，不需要盟约，只要口头约定就够了。但周王室衰微后，就常须订下盟约，甚至有被迫订约或反悔的情形。刘勰也感叹"义存则克终，道废则渝始"，若道义存在，约定才能被坚守到最后，一旦没有道义，则原本的约定就会改变。可见"守信"取决于人是否愿意贯彻诺言，否则纵有山盟海誓，也不过是一场空啊！

哀乐失时，殃咎必至

大义灭亲,其是之谓乎

名句的诞生

君子曰:"石碏[1],纯臣也。恶州吁[2]而厚与焉。'大义灭亲[3]',其是之谓乎!"

——隐公四年

完全读懂名句

1. 石碏:春秋时代卫国的大夫。2. 州吁:春秋时代卫庄公之庶子。3. 大义灭亲:对于亲属犯法绝不徇私,一样给予合理的法律制裁,以维护正义公理。

语译:君子说:"石碏是一个忠臣呀。他讨厌州吁,而把自己的儿子石厚也赔上了。'为了大义而杀灭自己的亲属',就是这样子吧!"

名句的故事

石碏是卫国的贤臣,他发现卫国公子州吁被卫庄公宠爱过了头,导致州吁年纪轻轻就染上了骄横、奢侈、淫乱、放纵等四种恶习,因此石碏告诉卫庄公,一旦州吁没有当上太子,恐怕会因此引起国家的内乱,因为受宠而不骄傲、骄傲又愿意屈就、屈就而不怨恨,这样的人太少了。卫庄公听不进去。石碏的儿子石厚喜欢与州吁往来,因此当州吁的兄长卫桓公继任为国君时,石碏便辞官回家。

《史记》记载,州吁因为过于骄淫奢侈,所以被卫桓公赶出国。然而州吁并不因此罢休,他召集在外流亡的卫国人士,谋害了卫桓公,然后自立为王。只是,用不正当手段篡得君位,自然不被老百姓接受,因此州吁始终无法平息反对他的声浪。州吁找石厚想想办法,石厚也只能回去向父亲求援。

石碏提出,可以去朝觐周天子,借由周天子来认可州吁的地位。石碏并介绍了一个中间人,就是陈桓公。石厚跟随州吁来到陈国,请求陈桓公安排去晋见周天子。另一方面,石碏派人私下通知陈桓公,州吁、石厚就是谋杀卫桓公的凶手,请陈桓公务必协助缉捕这两人。在陈国的协助下,这两个凶手无所遁逃,卫国派人去杀了州吁,而石碏则派他的家臣去杀了石厚。这就是石碏为了忠于国家,不惜"大义灭亲",杀了自己的儿子。

历久弥新说名句

《吕氏春秋》中的《去私》有一则故事。墨家的巨子、也就是首领,住在秦国,他的儿子杀了人,依法当处死。秦惠王说:"先生您年纪大了,也没有其他的儿子,我已经下令让办案的人不要处死他了。"巨子反而回答说:"根据墨家的规则:'杀人者当处死,伤人者当受刑罚',以此禁止杀人与伤人的行为,这是合乎天下的大义。"巨子婉谢了秦惠王的好意,因此他的儿子还是被处死。巨子跟石碏一样,有着大义灭亲的胸怀。

《汉书·郦商传》记载,权倾朝野的吕后死了,支持刘姓的功臣迫不及待要铲除吕氏家族的势力,而吕后之下、最重要的人物就是吕禄,吕禄握有北军兵权。太尉周勃为了能够指挥北军、诛杀吕氏一族,便派人去挟持郦商。郦商是汉初功臣,他的儿子郦寄则是吕禄的至交好友,周勃以郦商的性命威胁郦寄,郦寄只好诱骗出吕禄,让周勃有时间去降服北军,进而瓦解吕氏家族。天下人因此都说,郦寄出卖朋友。

针对此事,《汉书》的作者班固是这么评论的:"夫卖友者,谓见利而忘义也。"然郦寄这是为救父亲、为国家安定,所以不能说是出卖朋友。同样遇到公义与私情有冲突,石碏和郦寄的做法虽然不同,但都是为了公义啊!

礼，经国家，定社稷，
序民人，利后嗣者也

名句的诞生

君子谓："郑庄公于是乎有礼。礼，经¹国家，定社稷，序民人，利后嗣者也。许，无刑²而伐之，服而舍³之，度德而处之，量力而行之。相⁴时而动，无累后人，可谓知礼矣。"

——隐公十一年

完全读懂名句

1. 经：管理。2. 刑：通"型"，常法、典范。3. 舍：舍弃。4. 相：审视。

语译：君子称赞道："郑庄公这样的安排是合于礼的。礼，具有治理国家、安定社会，使人们生活有一定的秩序，同时又能为后人保有生存空间的功能。郑国因许国不遵守礼法，而率盟前去讨伐，一旦许国服从后，便舍弃兵戎相见的灾祸。郑庄公同时又能审度其德行来处置,依量自己的能力去推行,视时机行动,不拖累后代子孙。这样的行为,可以说是知礼的啊!"

名句的故事

鲁隐公十一年时,郑国联合齐、鲁两国一同攻打许国。不久,联军就攻破许国都城,许庄公溃逃至卫国。战后,齐、鲁都将许国的处置权让给郑国。

但郑庄公并未就此将许国土地据为己有,而是将许国的国土一分为二,重新安排统治者。他命许国大夫百里辅佐新君管理东边的国土,并吩咐说:"今天许国遭此灾祸,实在是上天有意借我的力量来惩罚许国啊!但我连自家弟弟都管不好,怎么可能长久统治许国呢?所以请用心辅佐你们的国君,好好安抚百姓,我们郑国的大夫公孙获也会协助统治西边的国土。若我得以善终,上天或许会回心转意,让许国恢复原有的疆土、统治权,我们郑国也欢迎许国结盟,但千万不要怀有贰心,让其他国家干预现在的安排,否则郑国连打仗都来不及了,哪有心力保存许国呢?我不只是为了许国,也为了郑国边境的安宁啊!"

然后,郑庄公派遣公孙获居于许国西部,并告诫他:"不要打算长期定居于此,凡贵重的器用财货切莫存放在许国,我过世后,你就尽快迁离此地!我们郑国属于以周天子为宗的姬姓势力,而许国是属于姜姓势力的国家,看当今情势,姬姓势力即将衰微,我们未来怎么能够与许国抗衡呢?请牢记我的话。"

郑国以侵略者的身份入主许国，就战争侵略来说，是要被谴责的。但就战后处置来说，不让许国灭亡，能平息民怨、安定民心，郑庄公又能在有生之年，监管许国，巩固边防，难怪有德君子肯定郑庄公的安排是知礼的行为——懂得如何治理国家、安定社会，使人们生活有秩序，又能为后人保有生存空间。

历久弥新说名句

先秦时期，儒家的政治社会实践，便是在"礼"的基础上进行思索，在《论语·泰伯》中，孔子说："兴于诗，立于礼，成于乐。"《诗》教以温柔敦厚为要，具有调节情绪的功能，而礼是立身处世的准则。当《诗》教结合礼教，再以讲求和谐的乐教来陶冶，社会便能稳定运作，这就是儒家礼乐的精神。

《荀子·修身》中也说："人无礼则不生，事无礼则不成，国家无礼则不宁。"强调从个人到国家，每一事、每一行，都要合于礼。在二十一世纪的今日，安邦定国，这仍是放诸四海皆准的道理。

政成而民听，易则生乱

名句的诞生

师服曰："异哉，君之名子也！夫名以制¹义，义以出礼，礼以体²政，政以正民，是以政成而民听，易则生乱。"

——桓公二年

完全读懂名句

1. 制：订定。 2. 体：体现、实行。

语译：晋国大夫师服说："这是非常怪异的事情啊！我们国君怎么会用这种方式来替自己的小孩取名字呢？对事物的命名，必然会规范出它的意义。抽象意义的具体化，就是礼。而礼又是规范体现一国政事的重要原则，进而达到教化人民的目的。因而一国的政事完备，人民必然容易差遣听命，反之，则国家社会产生混乱。"

名句的故事

晋穆公的妻子姜氏在两次战争中，分别生下两个儿子。在晋国攻伐条戎之役中，姜氏生下了大子，不过由于这场战役晋国打败仗，晋穆公便将大子命名为"仇"。而到了千亩之战时，晋国得胜，同时姜氏又生下了第二个小孩，晋穆公便将次子命名为"成师"。

在周代宗法制度中，大子身为嫡长子，是将来继位为国君的人选，因此他的身份通常被赋予尊贵的意义。但就晋穆公这两次的命名来看，把大子取名为"仇"，是将战争失败的结果归咎于他的出生，有负面的意涵；反之，把次子取名为"成师"以纪念战争的胜利，有正面的意涵。这样的命名，既无法彰显大子的尊贵地位，还提高次子的地位，造成"贵者无法显其贵，贱者无法明其贱"的错觉，于是晋国大夫师服提出批评。

观师服所论，是基于周代宗法制度而发，他先将命名的意义提升至礼的层次，再透过礼，结合命名与国家政治，得出"政成而民听，易则生乱"的结论。果不其然，晋穆公过世后，晋国便如师服所料，陷入动乱，印证了国家纲常的维系，往往在于名正言顺。

历久弥新说名句

鲁哀公十年，孔子接受卫出公之邀，协助治理卫国。子路问孔子的想法，孔子回答："必也正名乎！"子路不明白，觉得正名相当不切实际，无助于改善国政。孔子解释道："名不正，则言不顺；言不顺，则事不成；事不成，则礼乐不兴；礼乐不兴，则刑罚不中；刑罚不中，则民无所措手足。"一个人的身份一旦不确定，他说的话便得不到接纳采信，所下达的命令将不受重视，事情便无法圆满达成。若每件事都滞碍难行，必会导致礼乐教化无法推行；若礼乐教化无法推行，赏罚就不会公正分明，如此一来，人们对于何事该做、何事不该做的判断将莫衷一是。

回到当时的情境，孔子深知卫国的弊端在于人伦失序。这要追溯到卫灵公时期。卫灵公的大子蒯聩，见卫灵公宠姬南子不守妇道，设计要杀害她，不料行动失败，蒯聩出奔到宋国。由于大子出奔，国家没有继承人，卫灵公便劝说另一个儿子公子郢来接替大子之位。然而公子郢遵守礼法规定，庶子不能接替嫡子，便多次婉拒。等到卫灵公过世后，公子郢仍旧不愿即位，南子便找蒯聩的儿子公子辄继立国君，是为卫出公。不过，蒯聩虽出奔，仍借他国之力与卫国为敌，于是又造成另一次父子相争的局面。有鉴于此，孔子提出正名的思维，以导正问题的根源。

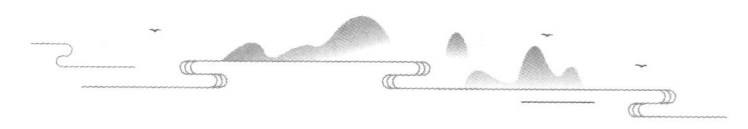

圣王先成民而后致力于神

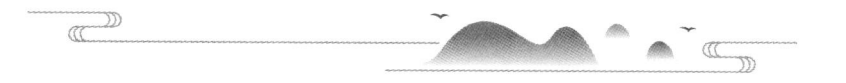

名句的诞生

公曰:"吾牲牷¹肥腯²,粢盛³丰备,何则不信?"对曰:"夫民,神之主也,是以圣王先成民而后致力于神。"

——桓公六年

完全读懂名句

1. 牷:指完整、纯色的牲体。2. 肥腯:肥大壮硕。腯,肥胖。3. 粢盛:祭祀时放在祭器中的黍稷。

语译:随国国君说:"我在祭祀时,都用了完整、肥厚的牲品以及齐全的五谷杂粮,还有什么比得上我这份对神明的诚信呢?"季梁回答:"人民的一切,才是祭祀神明的根本,因而古代圣君都是先安顿人民后,才会讲求神明的祭祀。"

名句的故事

鲁桓公六年，楚国攻伐随国没有成果，打算示弱以诱敌中计。随国贤者季梁看破楚国伎俩，进谏说："现在天意站在楚国那边，我们不能出兵与楚国对战。我听说小国能胜大国，一定是小国有道而大国无道。这个道，是指国君爱护人民，而在祭祀上诚信于天。今天情况必非如此，所以我认为不可轻易接受楚国的挑战。"随君十分疑惑，为了说服季梁随国有潜力，他指出自己在祭祀上非常诚信，神明一定喜欢他准备的丰盛祭品，天意将在自己这边。

季梁再次重申，天意的归向，在于国君是否有勤政爱民的德政；祭祀的丰盛与否，不在祭品本身，而是指人民生活无虞。因此，当祭祀奉上牲畜祝祷说"博硕肥腯"（牲畜又肥又壮），是指牲畜肥硕，繁衍兴旺，人民生活富裕，有一定财力；当祭祀奉上黍稷祝祷说"洁粢丰盛"（洁净的黍稷又满又盛），是指风调雨顺，五谷丰收，人民和谐满足；当祭祀奉上甜酒祝祷说"嘉栗旨酒"（美酒又香又清），是指君臣人民都有美德，没有邪恶的行为与念头。如今随国人民各怀异心，尽管国君的祭品丰富，只是徒有表象而精神不存，一旦出兵作战，人民无意保卫国家，将难获胜。听完这番话，随君觉得有理，便停止与楚国的战争，勤修国政，免除一场即将到来的灾祸。

历久弥新说名句

西汉文帝听闻年少贾谊博通古今,举为博士官。每当朝廷议论要事,众大夫无回应对策时,贾谊总能提出解决之道,深得汉文帝的赏识,不久又提拔为太中大夫。

贾谊认为当时朝政稳定,应当建立一套新的制度,即改正朔、易服色,宣示汉代的正统性。不过,这套制度包括中央及地方的全面性更动,权力势必会重新分配,有影响力的大臣、封侯纷纷进谗,指称贾谊并非为了国家福祉,而是企图掌权。汉文帝为了平息众怒,只好暂时冷落贾谊,将他调为长沙王太傅。

事情过了一年多,有天汉文帝召贾谊回宫中,由于汉文帝对鬼神之事十分感兴趣,便兴致勃勃请教贾谊。双方一直讨论到深夜,汉文帝愈听愈入神,还将坐席朝贾谊挪移。之后,汉文帝说:"我已经很久没有召见贾谊来谈论了,我自认为学识比他好,想不到今天的讨论让我深感自己的不足啊!"

唐代大诗人李商隐,有感于此,写下一首脍炙人口的《贾生》诗:"宣室求贤访逐臣,贾生才调更无伦。可怜夜半虚前席,不问苍生问鬼神。"短短四句,道出贾谊从无名到被重用,从冷落到再受重视的无奈。尤其"不问苍生问鬼神"一句,感慨才干不是用来创造百姓福祉,而是为了请问缥缈虚无的鬼神之事。

大美国学 左传

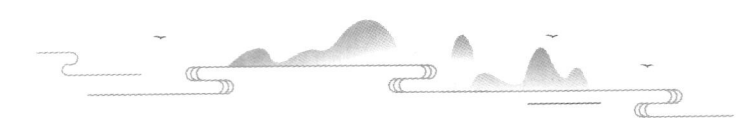

名有五，有信，有义，有象，有假，有类

名句的诞生

公问名于申繻对曰："名有五，有信¹，有义²，有象，有假³，有类⁴。以名生为信，以德命为义，以类命为象，取于物为假，取于父为类。"

——桓公六年

完全读懂名句

1. 信：实在、实际。2. 义：意思、意义。3. 假：假借。4. 类：相类。

语译：鲁桓公问大夫申繻有关取名字的方式。申繻回答道："命名的方式有五种：分别是取于信、取于义、取于象、取于假、取于类。有以出生时的实际样态命名，有以意义的象征方式命名，有以像似万物的方式命名，有假借万物名称的方式命名，有与父亲相同的特征命名。"

名句的故事

鲁桓公六年，桓公的大子出生，对于如何替孩子命名，桓公请教于鲁国大夫申繻，申繻便举出"信、义、象、假、类"五种替孩子命名的方式供鲁桓公参考，并指出："取名时不能以本国国名为名、不能以本国官职为名、不能以本国山川为名、不能以难以启齿之疾病为名、不能以牲畜为名、不能以礼器财货为名，这些都是我们周代人避讳的命名方式，若违反了，将来必遭祸害。"

在古代，看待孩子的命名十分审慎，因为古人相信，名字的好坏会影响小孩的性情与人格发展，国君的嫡长子取名尤其不能马虎。过去晋穆公帮两个孩子取名，长子名仇，次子名成师，便有违周代礼法，之后果然造成动乱。

在申繻看来，尽管五种命名方式不同，皆透露人的名字与周遭环境息息相关。换言之，这样的命名观念，显示名字不只代表个人，也会影响群体，反映了中国文化的群体思维。

历久弥新说名句

关于五种命名方式，就"以名生为信"而言，相传鲁季友出生时，手掌的纹路似"友"字，故取名"友"。而"以德命为义"，如周文王叫姬昌，是以"昌"为德而命名。若"以类命为象",相传孔子头型像尼丘的形状,所以被命为"丘"。"取物为假",如苏东坡名轼,便是以车前横木"轼"为名。至于"取于父为类",如鲁庄公出生的日期,正好与其父鲁桓公相同,所以命为"同"。五种方式都涉及了"名"与"实"的关系。

东汉时,汉章帝下诏博士、儒生齐聚白虎观,讨论五经异同,并由皇帝亲自裁决,史称"白虎观会议"。后来班固奉命将这场学术会议的内容汇编为《白虎通德论》。透过此书可知众大臣对国家制度名与实的讨论,如对帝王的"称号"便作出以下定义:"帝王者何?号也。号者,功之表也,所以表功明德,号令臣下者也。德合天地者称帝,仁义合者称王,别优劣也。"其大意是说,称国家统治者为"帝王"具有什么意涵?"帝王"此一称号,用来彰显国家统治者的功德,一旦这样称呼,他便拥有号令臣下的崇高权力。若君王的功德如天地般伟大,称号便可用"帝";若君王的功德暂时达到仁义的境界,称号只能是"王",两者的区别便在于统治者功德的大小。

《白虎通德论》中关于"帝王"的命名,契合本句名言所指,体现了中国古代的文化思维,循着群体的脉络制定名称,传达出个人与群体之间的关系。

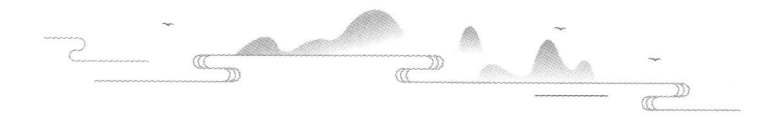

匹夫无罪，怀璧其罪

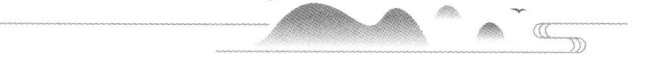

名句的诞生

初，虞叔有玉，虞公求旃[1]。弗献。既而悔之曰："周谚有之：'匹夫无罪，怀璧其罪'，吾焉用此，其以贾[2]害也？"

——桓公十年

完全读懂名句

1. 旃："之焉"两字的合音词。2. 贾：遭致。

语译：当初，虞公的弟弟虞叔曾经收藏一块美玉，虞公知道后，向虞叔索赠这块美玉，不过虞叔并没有进献给虞公。过了不久，虞叔后悔表示："周谚有句话说：'人们没有任何罪过，只因身怀一块璧玉而遭致罪过。'我又何必因这块美玉，使自己遭致祸害呢？"

哀乐失时，殃咎必至

名句的故事

鲁桓公十年，虞国发生臣下讨伐国君的战争，这种僭越的行为理应遭受谴责，但《左传》清楚交代了虞叔讨伐虞公的原委。对于虞叔以下犯上的行为，便不能只从表面来理解。

事实上，对于这场战争本身，《左传》并没有怎么着墨，反倒花篇幅叙写了引发战争的原因。这样的书写不免让人思索，为什么《左传》要这样记录呢？

整起事件必须从虞公向虞叔索取美玉说起。一开始，虞叔并不同意将美玉献给虞公，不过待他仔细思索一番后，发现若没有献出美玉，自己可能会因此得罪虞公，进而惹来杀身之祸，于是就将美玉献给了虞公。

然而虞公相当贪心，认为只要是他想要的，凭借自己的权位，一定可以索取到手，于是他再次开口向虞叔索赠宝器。这回他看上虞叔的宝剑，便想向虞叔索来赏玩。

虞叔听闻此事后，再次思忖，认为这不只是单纯索取宝物的问题，虞公贪得无厌的无礼行为，会让自己随时可能面临祸害，于是决定先发制人，发动政变赶走贪婪的虞公。

虞叔虽然以下犯上，但和虞公贪心的行为相较，他给国家带来的祸害相对小很多，因而《左传》特别将事情始末记录下来，规劝为政者行事应当合于礼，否则难逃臣下或他国的讨伐，进而祸延整个国家。

☙ 历久弥新说名句 ☙

本句透过周谚"匹夫无罪,怀璧其罪"来贯串整起事件,具有双重意义。一方面虞叔因拥有美玉可能为自己招来祸害;另一方面虞公因贪得美玉而遭致政变,说明世人往往会因为财货的争夺,使自己陷入险境而不自知。

东汉王符曾借此一事件来劝诫人们排除贪欲之心。他在《潜夫论》的《遏利》一篇中说:"愿鉴于道,勿鉴于水。象以齿焚身,蚌以珠剖体;匹夫无辜,怀璧其罪。"大意是说,人们行事要以道为戒,因为道会反映真理;不要以水的反映为依据,因为水只会告诉你表象,未必是真理。大象因为有一对人们想得到的象牙而遭致杀害,蚌则因壳内蕴藏着世人梦寐以求的美珠而遭到解剖。然而大象和蚌本身并没有做出任何伤天害理的事情,只是因为有着如同虞叔怀璧的情况而遭致罪过。这也就是说,祸害的产生,经常伴随着人的贪欲而来,即便自己清心寡欲,但他人也可能因为贪念而加罪于你。这样的观念,与本篇名句的主旨相应,透过我们所知的事例,劝戒世人不要放纵自己的贪欲之心,以免祸由己出,如虞公的下场。

师克在和，不在众

名句的诞生

师克[1]在和，不在众。商、周之不敌，君之所闻也。成军[2]以出，又何济[3]焉？

——桓公十一年

完全读懂名句

1. 克：战胜。 2. 成军：整军的意思。 3. 济：此处指增加的意思。

语译：军队打胜仗的关键在于彼此能同心协力抗敌，而不在军队人数的多寡。大邑商的军队虽多，却败于人数较少的小邦周的军队，这是您知道的事。现在我们就整顿军队出兵对抗敌军，又怎么需要增加援军的兵力呢？

名句的故事

鲁桓公十一年,郧国随着随、绞、州、蓼四邑的军队想要侵伐楚国,此时楚国司马顾忌自己现有的军队短少,可能无法对抗这些联军,因而想要向楚王再增调一些援军。不过楚国大夫斗廉持反对意见,不认为增调援军是能战胜的关键,因而对楚国司马阐发了本篇名句的道理。

斗廉认为,军队能否打胜仗,不在于人数多寡,而是军队内部是否同心协力抗敌。他向楚国司马分析,这些联军虽然为数众多,但各怀异心且自有打算,并非真能合力对付楚国,只要先击溃其中一方,联军自然会撤退。

最后,楚国司马采取斗廉的建议,出兵与联军交战。果不其然,当郧国军队最先被楚国击溃之后,其他联军立即四散而退,结束了这场战争。本句旨在说明凡团体共事者,若想顺利推动事情,最重要的就是凝聚共识,若只是流于"表象"的团结,将会不堪一击。

历久弥新说名句

"师克在和,不在众",其意等同于"团结力量大"。《孙子兵法》第一篇《始计》便指出军事兵法的五个基本要件:"一曰道,二曰天,三曰地,四曰将,五曰法。道者,令民与上同意,可与之死，可与之生，而民不畏危也。"所谓的道，就是指士卒与将领同心，而能在战争出生入死之际，不畏危险勇往直前。团结合力，才是胜战的根本关键。

以三国时期的赤壁之战为例，当时曹操一路南下，势如破竹，迫使刘备的军队南窜，更以隔江之势，企图威逼孙权投降，进而消灭刘备的势力。江东的孙吴陷入进退两难的处境，有人主张投降，但周瑜持相反意见，加上诸葛亮亲自前往东吴，展开"舌战群儒"的论辩，终于说服孙权与刘备结盟，共同对付曹操。

刘、孙当然知道，盟军根本不敌曹营大军，这场战役必须以智取胜。在北人习马、南人习船的条件下，刘、孙联军打算以水战对抗曹操。曹操也了解双方军队的差异，无奈己军水土不服，烦恼之际，他误信了庞统的连环计，用铁索将船舰连接一起，以为就此解决了风浪颠簸的问题，不知已埋下败笔。

由于水船怕沉与失火，刘、孙联军打算发动火攻。可惜的是，当时的风势并不适合，甚至会对己方不利，联军耐心等待风向转变，也就是小说《三国演义》中"孔明借东风"的神妙情节。有了东风助攻，一夜之间，曹军的船舰遭到焚毁，曹操溃败，仓皇逃回北方。尽管刘、孙军队比不上曹操的强大，但在联军团结一心的情形下，以智计化解危机。赤壁一战，决定了曹魏、孙吴与蜀汉三分天下的局面。往后三国之间便是靠着时而合作、时而对抗的关系，长期牵制住了彼此。

苟信不继，盟无益也

名句的诞生

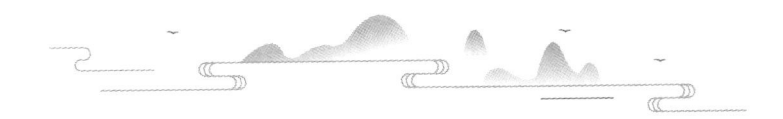

君子曰："苟信不继，盟无益也。《诗》云：'君子屡盟，乱是用[1]长'，无信也。"

——桓公十二年

完全读懂名句

1. 是用：犹"是以"，因此。

语译：有德君子说："如果失去诚信，即便两国会盟结好，也是无助于事的。《诗经》说：'在位者若经常举行盟誓，祸乱恐怕会因此而生。'这是因为没有诚信的缘故啊！"

名句的故事

鲁桓公十一年，郑国爆发了一场夺位斗争。这要追溯到郑庄公时因有许多宠妾而埋下的祸因。

当初郑庄公宠信封人祭仲,让他担任郑国的卿大夫。祭仲为郑庄公迎娶了邓曼,邓曼生下一子,为公子忽。郑庄公过世后,祭仲便立公子忽为国君,是为郑昭公。不过,郑庄公在世时,宋国的雍氏也把女儿雍姞嫁给郑庄公,生下一子,为公子突。在郑庄公死后,宋国的雍氏(公子突母亲娘家)用计囚禁祭仲,逼他改立公子突为国君。祭仲不得已,只好答应宋人的要求。于是昭公出奔卫国,公子突即位为厉公。这也导致郑国与宋国之间关系紧张。

到了鲁桓公十二年,鲁桓公自愿当个和事佬,想要透过鲁、郑、宋三国的会盟订约,让郑、宋两国和解。

不过在短短的几个月中,鲁国与宋国会盟了三次,最后宋国仍然决定毁弃前约,于是鲁国为了惩罚宋国背信的行为,而与郑国结盟,攻伐宋国。本句的君子曰,就是在评论鲁国与宋国多次会盟终究失败的事件,指出巩固双方会盟的长久,不在于誓约多寡,而在于彼此的诚信。即便只会盟一次,只要能秉持诚信、遵守约定,国与国之间就会和谐而少争端。反之,若缺乏真诚守约的态度,即使屡次缔盟,表面看似相安无事,祸乱的根源仍暗藏其中。

历久弥新说名句

在《三国演义》中,先有刘备、关羽、张飞三人的桃园结义，后有以袁绍为盟主的十八路诸侯讨伐董卓，前后有着强烈的对照关系。刘备、关羽、张飞的结盟，表面上"虽为君臣"，实际上三人"恩若兄弟"，更发下"不能同年同月同日生，但愿同年同月同日死"的誓言。于是在关羽败走麦城、遭到孙吴的擒斩后，刘备跟张飞基于结义兄弟的情谊，愤然为关羽复仇。当年盟誓的效力，没有随时间而消失，足见三人之诚心诚意。

反观十八路讨伐董卓的联盟相当壮大，"诸路军马，多少不等，有三万者，有一二万者，各领文官武将，投洛阳来"，都是为了声援"清君侧"讨伐董卓的号召，并订下盟约："汉室不幸，皇纲失统。贼臣董卓，乘衅纵害，祸加至尊，虐流百姓。绍等惧社稷沦丧，纠合义兵，并赴国难。凡我同盟，齐心戮力，以致臣节，必无二志。有渝此盟，俾坠其命，无克遗育。皇天后土，祖宗明灵，实皆鉴之！"然而在接下来的战役中，每路诸侯皆怀有私心且不断盘算，如当袁绍派孙坚与董卓作战时，盟军中的济北相鲍信，怕孙坚夺了首功，于是不听安排，暗中部署手下与吕布对战而吃了败仗。当孙坚需要粮草时，袁术听信谗言，不使孙坚有功而坐大，不发粮草，导致兵败。而当孙坚发现传国玉玺，却想独占，导致盟军内部出现纷争，终究瓦解失败，印证了"苟信不继，盟无益也"。

慎守其一，而备其不虞

名句的诞生

夏，及齐师战于奚，疆事也。于是齐人侵鲁疆，疆吏来告。公曰："疆场¹之事，慎守其一，而备其不虞²。姑尽所备焉，事至而战，又何谒³焉。"

——桓公十七年

完全读懂名句

1. 场：边界。2. 不虞：料想不到的意外事件。3. 谒：禀告。

语译：夏天，鲁国与齐国在奚地发生战争，这是两国边疆上的战事。这次战争主要是齐国入侵鲁国的边疆，于是鲁国边疆的官员便上报给鲁桓公知道。鲁桓公说："关于边疆的戍守，谨慎做好该有的防卫工事，同时对于他国突来的侵略又能有所防备。若都有所准备，现在齐国来侵略应立即防卫迎战，这是你的职责本分，又何必先前来禀告呢？"

名句的故事

鲁桓公十七年，齐国的军队蓄意侵略鲁国边境，鲁国的边疆守吏顿时不知道要如何应对，因而请示鲁桓公该如何处置。鲁桓公有见于守吏不熟悉自己的职责本分，便借机告诫边疆守吏，这个职称的本身，就带有国君的威信与命令，具有部分的自主权，一旦遇到问题，有自我判断行事的权力。如今齐国来犯，事关重大，最后一定得禀告给国君知晓，但相较来说，边疆前线第一时间的抗敌更为重要，因为其目的在于保障国境内人民的安全，先保民而后禀告，才是正确的行事方式。

《左传》对于两国边疆战事的发生，不写战争本身，而是特写鲁国君臣之间的应对，从中可看出《左传》有意从战争事件中凸显保民、民本的思想。

历久弥新说名句

为官者知其职，为本句的中心主旨。《三国演义》中便有一则相关事例。

话说刘备在听取孔明的建议后，向西方益州发展，东边的荆州交由关羽镇守。而孙权屡次想要向刘备讨回荆州，经过几番交涉仍然无功。鲁肃便向孙权献一计策说："今屯兵于陆口，使人请关云长赴会。若云长肯来，以善言说之，如其不从，伏下刀斧手杀之。如彼不肯来，随即进兵，与决胜负，夺取荆州便了。"此一计，便是著名的"单刀会"。然而关羽又何尝不知鲁肃的用意，却欣然答应赴会。

两人相见时，鲁肃依计埋下伏兵，又透过说词，希望能说服关羽放弃荆州，还给东吴。席间谈话晓之以理、动之以情，说明当初荆州是借给刘备安顿之用，如今刘备有了益州，理当归还。但关羽亦有所准备，任由鲁肃论说，他只当这次赴会是朋友茶叙，每当鲁肃提及归还之事，关羽总是以"国家大事"及"赤壁破曹刘备亦有功"的理由回应，丝毫不为所动。

双方僵持不下，周仓便说荆州为有德者所有，并非属于孙吴。关羽作势斥退周仓，周仓见状暗中命关平将船驶于江边。关羽深知此时若继续下去，双方一定动起干戈。于是一边抓起鲁肃的手，一边又佯装酒醉欲回，就这样且说且退来到了江边。至于鲁肃安排的伏兵，见到这模样，也恐出兵包围关羽将会伤及鲁肃，也不敢贸然行动，最后关羽顺利回到荆州。

"单刀会"除了描绘了关羽之勇，更突显他深知自己受了君命，一定要保守荆州，不能丢失。此次之会，若不赴宴，一来有损名声，二来双方可能开战，关羽用计击退鲁肃，展现边疆大吏守疆的职责与能力。

女有家，男有室，无相渎也

名句的诞生

女有家，男有室，无相渎[1]也。谓之有礼。易[2]此，必败。

——桓公十八年

完全读懂名句

1. 渎：轻漫、不敬。2. 易：改变；违反。

语译：男女婚嫁后，女方有其丈夫，男方则有其妻子，夫妇有别，不可逾越，这叫做有礼的行为。如果改变这种礼制规定，则必然会遭致祸害。

名句的故事

鲁桓公十八年，鲁桓公打算前往齐国与之会盟，并有意让妻子姜氏同行。不过出发之前，鲁国大夫申繻表示反对，他认为男女双方婚嫁之后，身份不同，必须遵守不同身份的礼节，故曰："女有家，男有室，无相渎也。"以此劝阻鲁桓公。若国君会盟，夫人随行，按礼制来说，本无不可。不过申繻的反对，是委婉道出鲁夫人不宜偕同出席的尴尬人伦关系。于是，事情便要回到鲁夫人姜氏的言行上。姜氏是齐国国君的妹妹，从齐嫁到鲁后，成为鲁国夫人。申繻之所以会劝阻鲁桓公，是因为他十分清楚姜氏在出嫁之前，曾与现在的齐国国君兄妹乱伦，一旦姜氏回到齐国，与齐襄公再有不轨行径，不但会对此次盟约带来不良后果，更会影响两国的关系。

不过，鲁桓公并未听从申繻的意见，仍然偕同鲁夫人姜氏与齐襄公会盟。果然此次的会盟，姜氏与齐襄公发生不轨的私情。鲁桓公得知此事后大怒，责备姜氏有违反自己身份的情事。姜氏既担心自身安危，也有怒于心，便将鲁桓公的责难说给齐襄公知道。

齐襄公既心疼与自己不伦的妹妹，又担心事情扩大后不可收拾，于是借机以招待宴客的名义，请鲁桓公前来赴宴，并派公子彭生随车护送鲁桓公。不料，鲁桓公竟离奇地死在车上。对此，司马迁的记载是，在车上时公子彭生凭自己力气大，将鲁桓公给活活勒死。

齐鲁原本要缔结友好盟约，如今却演变成一出悲剧，约盟不成，鲁桓公还死于非命。申繻早已预料到不好的结果，所以才会说："易此，必败"。

历久弥新说名句

　　一首国语老歌唱道："我已有巢，你已有窝，何必空谈长相守？"谁年轻时不为爱痴狂？一旦男婚女嫁之后，再如何汹涌的波涛也必须化为平静的湖面，这就是申繻所说的"女有家，男有室，无相渎也，谓之有礼"。"礼"是一种社会秩序，是人与人相处的节度、法则，《礼记》的《礼运》篇描述的大同社会，也提到"男有分，女有归"（男人有其职分，女人有其归室），唯有每个人走在自己的轨道上，社会才能井然有序地运作。

　　但是，在中国历史或文学中，不乏"男已有家，女已有室"但仍"相渎"的情况，也因此产生许多故事。成语"闭月羞花"就是很好的例子。"闭月"就是罗贯中笔下《三国演义》的貂蝉。貂蝉利用男人好色的弱点，游走在董卓和吕布之间，使得本以父子相称的董卓和吕布反目成仇，吕布最后甚至诛杀了董卓。另一位"羞花"的美女——杨玉环，本来是唐玄宗的儿媳，后来玄宗竟敕令杨玉环出家，再令其还俗，封为贵妃。此后玄宗爱屋及乌，杨氏一家鸡犬升天，终于导致安史之乱，"六军不发无奈何，宛转蛾眉马前死"，杨玉环也只能成为白居易《长恨歌》中的一声叹息了。

大美国学 左传

并后，匹嫡，两政，耦国，乱之本也

名句的诞生

辛伯谏曰："并后，匹¹嫡，两政，耦²国，乱之本也。"

——桓公十八年

完全读懂名句

1. 匹：实力相当的。2. 耦：同"偶"，两个。

语译：辛伯劝阻说："妾的地位能与皇后相提并论，庶子的权势能与嫡长子匹敌，掌握执政权的卿士有两位，大城的规模相当于国都，这些都是祸乱的根本啊！"

名句的故事

东周桓王有两个儿子，分别是大子佗与次子克。鲁桓公十五年三月，周桓王驾崩，按照周代的宗法制度，由大子佗继立为王，史称周庄王。

当周庄王继立后的第三年，东周王室发生了一场政治叛变。事件要往前追溯至周桓王当政时期。由于周桓王十分宠爱次子克，曾特别嘱咐周公黑肩来辅佐他。然而，就周代的礼制来说，大子是将来准备继立为国君的人选，必须尊于其他兄弟，桓王此举显然于礼不合。

当周桓王过世后，次子克便挟着周公黑肩的势力，想要发动政变，一举推翻周庄王而自立为王。不料，事情已被周大夫辛伯洞悉，他立刻禀报周庄王。周庄王下令诛杀了周公黑肩等人，次子克也出奔燕地。

克的谋反是不对的，但周公黑肩身为辅佐者，更有责任将克的言行导向正途，不使其有叛乱之心。事实上，当周桓王将次子克托付于周公黑肩时，辛伯便曾告诫过周公黑肩，一国只要政由两出，必然会造成祸乱，切莫因夺权的野心使自己蒙受其害。不过周公黑肩并未接纳辛伯的劝告，而在这场周王室的权力争夺中，因叛乱被诛杀。

历久弥新说名句

《左传》记载诸多"匹嫡"事件，如东周有王子带之乱、齐国有齐无知之乱、晋国有庄伯之乱、卫国则有州吁之乱等。

其中齐国无知之乱发生在鲁庄公八年至九年之间。公孙无知是齐襄公父亲僖公弟弟之子。僖公在位时，公孙无知备受伯父宠

信，在衣服礼制上与嫡长子无异，让当时身为嫡长子的襄公很不是滋味。襄公即位后，便下令降低公孙无知的待遇，引发他的不满，一些怨恨齐襄公的人也趁机依附他，企图作乱。

一冬日，齐襄公出游，路上突然跑出一只大野猪，随从说："是公子彭生显灵啊！"（彭生为了齐襄公妹文姜，勒死了鲁庄公，之后又被齐襄公杀死。）襄公生气道："彭生，你凭什么敢来！"一箭射去，野猪惊惧之际，立起前足发出叫声。襄公被野猪的举动吓到，跌落车下，伤了脚、丢失鞋子。回宫后，襄公责备侍人费，要他找回鞋子，但鞋子已不知去向。襄公鞭罚侍人费，把他打得皮绽血流。

侍人费离开宫后，被公孙无知的叛党抓住盘问。为了表明无意帮助襄公，他道出自己被鞭一事，以取得信任，还声称可当向导，引叛党入宫。岂料，这是侍人费的脱逃计策。侍人费再入得宫中，告知襄公叛变之事，将襄公藏匿后，又出宫与叛乱者相战而死。

不久叛乱者攻入，来到襄公起居室，见床上有人卧着，便将他杀害。叛军怀疑那人并非襄公，又四下搜寻。襄公因脚伤没有藏好，被叛军发现遭到杀害，之后公孙无知被立为齐国国君。这起事件也呼应了本句名言所说"匹嫡"埋下的祸害。

不知其本，不谋；知本之不枝，弗强

名句的诞生

夫能固位者，必度于本末，而后立衷[1]焉。不知其本，不谋；知本之不枝，弗强[2]。《诗》云："本枝百世。"

——庄公六年

完全读懂名句

1. 衷：适当。2. 强：勉强。

语译：选择能够巩固君位的人，一定要审度他是否具备根本的才能，并且有得人传世的发展。如果他不具备才能，则不能推举他。而他若具有才能，却没有辅佐传位百世的人才，也不能勉强推举他。这就是《诗经》所说的："树木有其根本和枝叶，才能有百世的寿命啊！"

名句的故事

鲁桓公十六年时,卫国公子间发生了夺权的人伦悲剧。卫宣公为卫庄公之子,不过却和父亲的妾夷姜有染,生下了急子。后来,卫宣公将公子急子嘱托给右公子来辅佐。公子急子到了适婚的年龄时,卫宣公打算为他聘娶齐女成家。

不料,卫宣公见到齐女的美貌,竟然迷上了她,自纳齐女宣姜为妾,并生下公子寿及公子朔。之后卫宣公将公子寿嘱托给左公子辅佐,而夷姜目睹卫宣公贪好美色的不伦行为,自缢结束了生命。

原本卫国君位的继承人是夷姜生的公子急子,但在夷姜过世后,公子朔与母亲宣姜企图设计杀害公子急子,以夺取继位权。一次,卫宣公派遣急子出使齐国,公子朔买通盗贼,打算在莘地时,半途拦截杀害公子急子。这个阴谋被公子寿看破,事先通知公子急子,请他赶快逃走,免得遭到杀身之祸,但公子急子以不能违弃君父之命为由而婉拒。

公子寿不愿见到哥哥遇害,趁饯行时把哥哥灌醉,并偷了他奉命出使的旗子,自己先行上路。果然半路杀出盗贼,盗贼见到旌旗,认定车内的人就是公子急子,便杀了公子寿。等到公子急子醒来赶上想要取回旌旗时,却看到弟弟已代替自己而死,悲痛之际,表明他的真实身份,盗贼不但不怜悯,反而也杀了公子急子。这件事传回国内,身为辅佐急子与寿的左、右公子,为他们打抱不平，并立公子黔牟为卫君，公子朔的夺位之争遂告失败，出奔齐国。但是公子朔并未就此放弃，到了鲁庄公六年时，公子朔又挟着其他诸侯之力，放逐了公子黔牟，杀害其他兄弟，自立为卫君，是为卫惠公。

本句名言引用《诗经·大雅·文王》的诗句："文王孙子，本支百世。"在《诗经》中，原是用来赞颂周文王的功业高大，后世子孙皆因其德业受润泽。《左传》以此评论左、右公子立公子黔牟为国君，有本而无枝，不能像周文王一样，扎稳根基，德业流传后世。

历久弥新说名句

汉高祖晚年因为宠幸戚夫人，偏爱戚夫人的儿子刘如意，又因其久病在身，有意废掉太子刘盈，另立刘如意。到了高祖十二年，他率兵击败黥布，病发愈急，更是迫切想要改立太子。虽有张良苦谏，但并不被接纳。太子太傅叔孙通征引过去因争立太子而导致国乱的事例，才稍劝阻住，但汉高祖并未打消念头。

身为太子母亲的吕后心急如焚，便与张良计议，在一场宴会中，安排太子刘盈侍奉高祖身旁，并请出秦末隐士"商山四皓"以太子宾客的身份出席。

酒宴席间，高祖看到太子的宾客中，有四位白发老先生，十分纳闷，便问他们是谁。四位老人各自报上姓名，原来是德高望众的商山四皓贤人：东园公、甪里先生、绮里季与夏黄公。高祖十分惊讶,说:"我一直在找你们出来为国家效力,好多年过去了,都等不到你们的消息。今天你们怎会在此与我儿子交游呢?"四位贤人起身答道:"皇上轻蔑、辱骂读书人,我们不想受侮辱,只好隐居起来。不过我们听说太子是个有仁爱之心的孝子,对读书人十分有礼敬重,天下的读书人没有不愿意为您的孩子赴汤蹈火的,连我们也不例外。"刘邦一听,便向四位贤人说:"以后就麻烦诸位先生来调教、保护这个孩子吧!"

经过这次宴会,高祖彻底打消另立太子的念头,他跟戚夫人说:"我本来一直想废刘盈立如意,现在看到这四位贤人愿意辅佐刘盈,想必刘盈羽翼已丰,准备好当国君了,我没办法再行废立之事了。"

这段事记载于《史记·留侯世家》中,其关键正在于,张良用计说服了高祖,让他相信太子具备了为君者的条件——得到贤人辅佐,就像大树般有根本与枝叶。

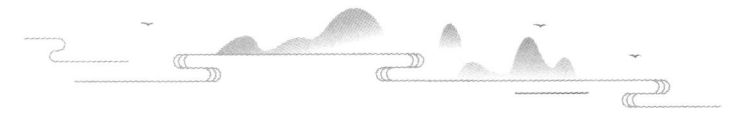

一鼓作气，再而衰，三而竭

名句的诞生

夫战，勇气也。一鼓作气，再[1]而衰[2]，三而竭[3]。彼竭我盈，故克之。

——庄公十年

完全读懂名句

1. 再：再鼓，第二通鼓。 2. 衰：减退。 3. 竭：穷尽。

语译：战争，靠的是士卒杀敌的勇气。第一通鼓声响时，气势正好饱满。等到第二通鼓声响时，气势减弱。到了第三通鼓时，气势便穷尽了。敌军的气势穷尽时，我军正好是气势高涨的时候，因此我们能够打胜仗。

名句的故事

本句名言故事，发生于齐国侵略鲁国，最后被鲁国打败的著

哀乐失时，殃咎必至

名历史战役"长勺之战"。在当时,齐国的势力强大,而鲁国的势力较弱,不过鲁国国君采纳"毛遂自荐"的曹刿的建议,顺利赢得这场战役。

当曹刿面见鲁庄公时,他问鲁庄公,鲁国具备哪些打胜仗的条件,鲁庄公自豪地说:"我在衣食等财器上,不会独享,一定分给其他人,因此我国人民可以为鲁国而战。"曹刿反驳说:"如果只是衣食财器,那得到的人不多,人民未能感受到君王的恩泽,所以未必会效死而战。"鲁庄公又说:"我在祭祀的时候,牲品及礼器都按照规矩,不敢有所逾越,一定秉持诚信行事。"曹刿回答道:"如果只是在祭祀上才秉持诚信,那么神也不会帮助你。"鲁庄公又说:"我们国内的大小案件,虽不敢说每件都明察秋毫,但我都根据实情审理。"曹刿回答:"如果是这样的话,人民就能感受到国君的用心,也会效忠国家,如此可以出兵和齐国军队交战了。不过,希望我也能陪同国君一起应战。"

到了战场上,鲁庄公要击鼓出兵,曹刿却制止他。等到齐国军队响完三通鼓后,曹刿便跟鲁庄公说:"可以了!"于是鲁军击鼓,并顺利打败了齐军。

这是《左传》中知名的"曹刿论战"。曹刿运用两军士气的消长,即所谓一通鼓与三通鼓的士气的差异。就心理层面来说,齐军三通鼓后才与鲁军交战,对于齐军士卒来说,不免产生焦躁、狐疑,在气势上未能全力集中。相反地,鲁军一通鼓便立即与齐军交战,对于鲁军的士兵来说,全然集中在杀敌的意念上,因而气势较齐军旺盛,所以能打胜仗。本句透过齐鲁交战的事例，说明事情的成功，往往在于集中心力应对，一旦分了心、产生懈怠，便容易有虎头蛇尾的毛病，也就难达成既定的目标。

历久弥新说名句

《孙子兵法·军争》中有言："三军可夺气，将军可夺心。是故朝气锐，昼气惰，暮气归。故善用兵者，避其锐气，击其惰归，此治气者也。"意思是说，敌人三军的气势可以夺走，将领的心志也可以去影响。以气来比喻，就像在一天开始时，气非常旺盛、锐利，饱满了之后，便渐渐亏损，直到气弱。擅于兵法的人，会避开对方的锐气，攻击渐损的惰气与归气，这是掌握士气的关键。

相较之下，曹刿的"一鼓作气"正是"锐气"，"再而衰"则是"惰气"，"三而竭"便是"暮气"了。曹刿在兵法上避开对方的锐气，巧妙运用己方军队的士气，于是能抢夺先机，出奇制胜。

《元史·岳存列传》中记载了一段蒙古帝国（元朝前身）将军岳存［汉族，冠氏（今山东冠县）人］以"一鼓作气"赢得与金军交战的历史。

金朝末年，蒙古帝国经常率军攻打金国，当时不少汉族组成地方武装军队以求自保，蒙古人为图长期统治，招降了不少汉族地方军队，使其成为替自己消灭金朝与南宋的军事力量，而岳存便是接受蒙古招降的东平（今山东泰安）军首领严实手下的一名部将。

有一回，当岳存的军队行经开州（今河南濮阳）南方时，正好遇上了金国将军张开的部队。金军声势浩大，约有一万多名的兵力，然而岳存仅有骑兵两百名、步卒三百名，双方军备实力悬殊。

此时，岳存知道自己的军队不可能直接应战，必当以智取胜。于是将部队带入附近的林地，埋伏其中，并告诫所有弟兄说："我方兵力少而对方兵力多，大家千万不可轻举妄动，一切依我的鼓声来行动！"对于战阵的部署，岳存先将骑兵置于前，其后再安排步兵，全员配合林中地势藏匿。

金兵一步步逼近，岳存仍然不为所动，等到金兵来到相距约二十步的距离时，岳存示意击鼓作战。顿时鼓声大作，埋伏在四周的骑兵、步卒瞬间蜂涌而出，金兵在毫无防范的情况下，溃败而逃。岳存便是利用第一通鼓的气势，不损一卒而还，创下逆转胜的战绩。

之后，蒙古军屡次攻金，岳存几乎无役不与，等到蒙古灭金（公元1234年）后数年，岳存回到故乡冠氏担任县丞；其子岳天祯长大后同样为蒙、元（忽必烈于公元1260年即位，公元1271年定国号元）效力，并参与了灭南宋的战役，凯旋归来时，曾与元帅张弘范一同觐见元世祖忽必烈，得到丰厚的赏赐，岳存父子先后成了蒙、元灭金亡宋的两大功臣。

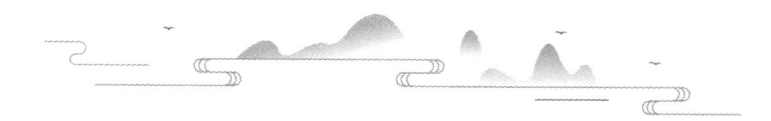

妖由人兴也

> **名句的诞生**
>
> 妖由人兴也。人无衅¹焉，妖不自作²。人弃常，则妖兴，故有妖。
>
> ——庄公十四年

完全读懂名句

1. 衅：过失、罪过。2. 作：兴起。

语译：妖怪的产生，完全是因为人为的因素啊。人若无任何过失，则妖怪不会自己产生。只有当人违背常道行事，妖怪才会产生，因而会说有妖怪的存在。

名句的故事

鲁庄公十四年，庄公问大夫申繻，世界上是否有妖怪的存在。鲁庄公之所以如此,与六年前郑国发生的一段小插曲有关。

当时郑国南门出现双蛇互斗之景,一条在门内,一条在门外,最后门内的蛇被斗死。原本只是两条蛇相斗,但因郑国国君的地位不稳固,由奔亡在外的郑厉公回国执政,恰好符合外蛇斗死内蛇的结局,鲁庄公因此有妖怪之问。

这场夺位之争,还要再上溯至桓公十一年。当年重臣祭仲在宋国的压力下改立公子突,是为厉公。由于祭仲专权,厉公派祭仲的女婿去杀他。不料事机泄漏,被祭仲的女儿知道,告诉了父亲。于是祭仲杀死女婿,厉公也出奔蔡国,由之前逃亡在外的昭公回国执政。

接下来,郑国仍然无法安定。先是逃亡在外的厉公不甘失败,凭借宋、卫、陈国诸侯的支持,攻打郑国,结果失败撤兵。之后则有大夫高渠弥作乱,杀死昭公,另立国君。到了鲁庄公十四年,郑厉公又再度攻打郑国,被俘虏的大夫傅瑕与他交换条件,说只要放了他,他愿意作厉公的内应,帮助他返国,两人并订下誓盟。之后,傅瑕果真杀死了当时的郑国国君,迎厉公回国即位。这也就是"外蛇战胜内蛇"所比喻的事。

对于鲁庄公的提问,申繻并未就鬼神迷信来回答,而是将妖怪的兴灭,归咎于人的行为得失。人的行为若合乎常道,就不会有妖怪兴起;反之,祸乱之所以产生,都是因为人的行为失当,所以才会说"妖由人兴"。由此看来,人为过失比妖怪更恐怖,其意如同"苛政猛于虎",告诫执政者注意施政是否符合人民需求,这比迷信鬼神重要得多。

历久弥新说名句

清儒纪晓岚的《阅微草堂笔记》中，有多篇引用"妖由人兴"来阐发故事的寓意。《槐西杂志》描述到，淮镇有五间空屋被当作储藏室，附近的小孩常在此处玩耍，为了驱赶他们，有人在门上贴了一张告示，写着里面住有狐仙，不可在此处嬉戏。

说来奇怪，一天，一个自称是狐仙的鬼怪，竟然真的来此居住，并且发出声音说："我因为看到门上的告示，就在这里住下了。当然，我也会帮忙看守院落。"日后，每当有人擅自闯入院落，都会遭到莫名飞来的砖瓦攻击。久而久之，再也没有人敢到附近逗留，甚至连屋主家里的仆人都不敢前来。由于房屋久无人居，整间院落逐渐荒废坍塌，最后就连狐仙也杳无踪影。

纪晓岚归结说："此之谓妖由人兴！"原本居民为了禁止小孩来玩耍，刻意捏造狐仙吓唬人，尽管达到驱赶的目的，却也因此招来鬼怪，导致此屋无人敢再靠近，终而倾倒崩坏，这一切都是人自己造成的啊！

> 王命诸侯,名位不同,
> 礼亦异数,不以礼假人

名句的诞生

十八年春,虢公、晋侯朝王。王飨醴¹,命之宥²。皆赐玉五瑴³,马三匹,非礼也。王命诸侯,名位不同,礼亦异数,不以礼假人。

——庄公十八年

完全读懂名句

1. 飨醴:指用盛宴招待宾客。供人享用的意思。醴,甜酒。
2. 宥:此处通"侑",指劝人饮食。3. 瑴:通"珏",双玉为珏。

语译:鲁庄公十八年春天,虢公与晋侯朝见周王。周王设宴以慰劳虢公、晋侯,并赐予物品。周王皆赐予二人相同的五珏玉以及三匹马,这是违反礼制的行为啊。周王授命诸侯,每人所授的爵位不一,因而所使用的礼制也有所差别,不能随便以不同的礼假借于人。

名句的故事

鲁庄公十八年，周惠王因虢公与晋侯来觐见，按照礼制规定，周王要赏赐觐见者，以传达慰劳，于是设宴招待，并赏赐两人一些财货器物。因受赏赐者的爵位不同，赏赐的东西在规定上有所差异，但周王却赏赐相同物品，违反了礼制。

虽然只是器物类项与数量的差别，但根据周代的礼制规定，礼有区别或辨识身份的功能。身份不同，要尽的职责也有差异，能获得的赏赐物品自然不相同。现在周惠王的赏赐违反了礼制，主动破坏各种身份的界限，小则家庭人伦混乱失序，大则国家君位发生篡夺，因此《左传》特别记录下来，作为警惕。

对此，南宋大儒吕祖谦评论："为天守名分者君也，周惠王误视为己物轻以假人，当虢公、晋侯之来朝，等其玉、马之数不为之隆杀。殊不知天秩有礼，多多寡寡不可乱也，人心无厌，侯而可假公之礼，则公亦思假王之礼……"君王的作用是维护上天的名分制度，周惠王却违反天制随意赠予虢公与晋侯赏赐，造成了差错。殊不知上天的秩序有其礼，多与少都不能混淆。因人心不知饱足，一旦违反礼制，侯爵便会假借更高的公爵礼，而公爵也就会假借更高的天子礼了。吕祖谦一番话，点出人心有贪欲作祟，一旦逾越界限，行事便会不轨，后患无穷。

历久弥新说名句

《荀子·礼论》中有："礼者，以财物为用，以贵贱为文，以多少为异，以隆杀为要。"礼的表现方式，可以从财物方面来呈现，可以透过贵贱来显示内涵，可以用多寡来标志差异，可以因繁简来传达内心情感。礼属于周人生活的一部分，能维系上下尊卑的秩序，不使产生紊乱。

周襄王登基第二年，任命宰孔将祭庙后的胙肉赐给齐桓公。宰孔对齐桓公说："周襄王因还要祭祀文王、武王，所以派我前来赐予您胙肉。"虽然周襄王未能前来，但宰孔为周襄王特使，即代表周襄王，齐桓公便依臣下之礼，下阶北面再拜稽首。宰孔见状，连忙说："请您等一下，周襄王特别吩咐，为了体恤您年老行动不便，要多赐予您一级，您就不用行下阶再拜之礼了。"齐桓公却回道："尽管周天子未前来，但天子的威信在我眼前，为表达服从，怎敢接受特例免下阶再拜之恩呢？若免此，我怕因不守礼法而遭致失败，再也得不到天子的赠馐了。"于是，齐桓公仍先下阶行再拜之礼，再登阶接受胙肉。他遵循臣下之礼，避免因特例而养成不守礼的僭越行为。

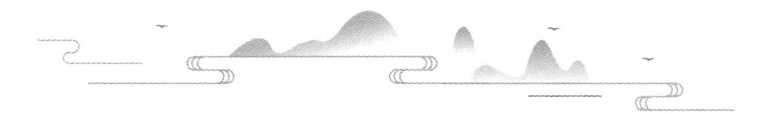

哀乐失时，殃咎必至

名句的诞生

冬，王子颓享五大夫，乐及遍舞。郑伯闻之，见虢叔曰："寡人闻之：'哀乐失时，殃¹咎²必至。'"

——庄公二十年

完全读懂名句

1. 殃：灾害。2. 咎：灾祸。

语译：鲁庄公二十年冬天，王子颓宴享五位大夫，同时亦下令弹奏所有的乐曲。郑厉公听说了这件事，便跟虢叔说："我听说：'如果哀与乐的行为，表现在不该哀与不该乐的时候，那么灾祸一定会降临。'"

名句的故事

周庄王纳王姚为妾，因宠爱王姚，也对王姚所生的儿子王子颓有宠，并任命蒍国担任王子颓的老师。等到周惠王即位后，他擅自将蒍国的田圃划为自己的苑囿。不久，惠王又因周大夫边伯的住宅临近皇宫，而将其占为己有。不仅如此，惠王还强收周大夫子禽祝跪与詹父的田禄，以及膳夫石速的薪俸。周惠王这种无度的行为，让五位大夫相当不满，他们全部依附苏子，企图作乱。

秋天，这五位大夫奉王子颓的命令讨伐周惠王，结果失利，出奔躲到苏子的封邑温地。之后，苏子奉王子颓之命来到卫国，联合卫国与南燕国的力量再度讨伐周惠王。这次暂且得到胜利。冬天时，王子颓便自立为周王。

鲁庄公二十年，因周王室的王子颓内乱，郑厉公想从中调停，但作乱者王子颓不听从郑厉公的建议，还大肆庆祝，享宴歌舞。于是郑厉公发为议叹，并跟虢叔说，王子颓哀乐失时的行为，违反礼制精神，可能因此遭致灾祸。感叹之余，郑厉公便劝虢叔挺身而出，制裁王子颓的不法行径。

虢叔也有意拨乱反正，鲁庄公二十一年，率兵自周皇城的北门而入，一举诛杀了王子颓与其党羽，恢复周王室原有的秩序。

透过礼乐的调节，人的情绪可以得到适度宣泄，如此社会才能维持一定秩序。反之，一旦行为与情绪陷入"失其时"的状态，不该哀的时候哀、不该乐的时候乐，甚至以灾祸为快乐，或是灾祸降临也不知忧愁，便会迷失自我，给自己与他人带来伤害。

历久弥新说名句

《后汉书·周举传》有因哀乐失时而遭祸的悲剧。周举是东汉汝南汝阳人,陈留太守周防的儿子,博学多闻。他透过荐举担任官吏,在出任蜀郡太守时,因行政疏失暂遭免职。大将军梁商很敬重他,上表奏请朝廷,重新考量周举的才干,任命他为从事中郎。

一日,大将军梁商举办宴会,周举以身体不适为借口而未赴宴。宴会中,梁商与好友饮酒欢唱,因酒后有感,便清唱了《薤露》这首挽歌,在场宾客听闻歌声,都感伤得流泪哭泣。太仆张种也在场,宴会结束后,他告诉周举当时的情况。周举感叹说:"此所谓哀乐失时,非其所也。殃将及乎!"到了秋天,梁商便因身体染疾不治身亡。周举之所以感叹,是因为梁商犯了哀乐失时的过失,在欢乐的宴会中,竟唱起出殡才会唱的挽歌,是个不吉利的兆头,因而推测梁商恐有厄运。

尽管就现代人的观点来看,哀乐与灾祸未必能画上等号,但在古代的文化思维中,认为情绪的抒发要有节制,一旦超越了界限,很可能"乐极生悲",招致灾祸。

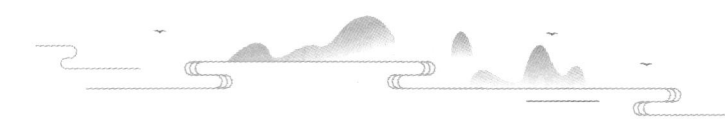

酒以成礼，不继以淫，义也

名句的诞生

饮[1]桓公酒，乐。公曰："以火[2]继之。"辞曰："臣卜其昼，未卜其夜，不敢。"君子曰："酒以成礼，不继以淫[3]，义也；以君成礼，弗纳于淫，仁也。"

——庄公二十二年

完全读懂名句

1. 饮：请人饮酒。2. 火：点燃灯火。3. 淫：过度。

语译：敬仲邀请齐桓公饮酒，桓公十分高兴。桓公说："点了灯火继续喝。"敬仲婉谢说："我占卜了只有白天宜饮酒，还没占卜晚上适不适宜，不敢奉陪。"君子评论说："酒是用来辅助完成礼节的，不饮用过度，这就是义；与国君饮酒完成了礼节，不使他饮酒过度，这就是仁。"

名句的故事

在这则记事中,请齐桓公喝酒的人是田敬仲。敬仲本是陈国的公子,为了躲避国内的政治恶斗,逃到了齐国,并且由陈姓改为田姓。齐桓公爱才,曾想封他做上卿,敬仲却以寄居他国的外臣不宜取得大权而招致指责为由,婉拒了做高官的机会,足可见其为人谨慎且自重自爱。

与投机又投缘的朋友共饮,总会希望筵席不散,再多喝多聊一会儿。齐桓公正是如此。他与敬仲饮酒,兴致高昂而欲罢不能,打算点了灯火再"续杯"下去。这时,敬仲的婉拒是很有技巧的。他说,只占卜了今天白天适合饮酒,却不知晚上如何呢!因为不知道晚上适不适合饮酒,所以不敢奉陪。这话既顾及了古人行事问占的心理,也委婉地恳劝国君饮酒适度即可。因此君子评议道,敬仲此举合仁合义,称赞他用心良善、行止得宜。

历久弥新说名句

在古代,酒与祭祀相连,一般人只有在特殊的节日,才能依照地位和辈分来分饮。周公曾告诫臣子说:"饮惟祀,德将无醉。"意思是祭祀时才能饮酒,而且不准喝醉!

酒与祭礼不可分,喝酒这件事也就发展出一套酒礼。古人有先拜而后饮的习惯,这也是酒礼的一部分。《世说新语》记载了一则这样的故事：曹魏有个大文人，名叫钟繇。一日他在家中午睡，两个儿子蹑手蹑脚地进来偷酒。钟繇马上就察觉了，但仍是装睡。只见大儿子钟毓对着酒拜了才饮，小儿子钟会却一下子就把酒喝下肚。钟繇觉得纳闷，就睁开眼睛问大儿子，为何要拜？钟毓说："酒以成礼，不敢不拜。"他又问小儿子，为何不拜？钟会却说："偷本非礼，所以不拜！"一个是谨守礼节，即使偷酒也要拜了再喝；一个是以为偷酒本来就不正当，又何必拘守礼节呢？两兄弟的答话各有道理，小孩儿的天然率真替这个故事添了不少趣味。

明代袁宏道曾有感于当时年轻人喝酒没规矩，而写了一册《觞政》。这是一部教人酒礼与品酒之美感的小书，如书中说："饮喜宜节，饮劳宜静，饮倦宜诙，饮礼法宜潇洒，饮乱宜绳约"，意思是："饮酒高兴时应有节制，饮酒疲劳时应安静休息，饮酒倦怠时应说笑话，饮酒有礼法制约时要态度潇洒，饮酒乱性时要用礼法规矩约束自己"，中庸有节，这样的饮酒，多美！

俭，德之共也；侈，恶之大也

名句的诞生

二十四年，春，刻其桷¹，皆非礼也。御孙谏曰："臣闻之：'俭，德之共²也；侈，恶之大也。'先君有共德，而君纳诸大恶，无乃³不可乎？"

——庄公二十四年

完全读懂名句

1. 刻其桷：在屋子的方形梁柱上雕刻图纹。桷，方形的屋椽。2. 共：通"洪"字，大的样子。3. 无乃：婉转推测的语气，同于莫非不是、只怕是。

语译：鲁庄公二十四年春，国君在桓公庙的屋椽上雕刻图纹，这都是不符合传统礼制的。大夫御孙上谏说："我曾听说：'节俭，是美德中最大的；奢侈，也是恶行中最大的。'先王有宏大之美德，而您却使他陷于大恶之中，这只怕是不可行的吧？"

名句的故事

鲁庄公二十三年秋天,鲁庄公在鲁桓公庙的柱子上涂了朱红的漆;隔年春天,又在庙宇的梁柱上镂刻花纹,这都是为了使宗庙看起来更华丽壮观。按照周朝的礼制,诸侯国屋宅的柱子只能漆上青黑色,所以鲁庄公涂朱漆的举动显然不合礼法,孔子就在《春秋》上记了他一笔。后来,鲁庄公又在庙宇的梁柱上刻花纹,这回大夫御孙就出面劝告了。他说服君王的手法很有技巧,先以"阐述所闻"的方式说明道理,才提及鲁桓公的为人:昔日鲁桓公谨守简约的原则,倘若子孙在他的庙祠上做富丽堂皇的雕饰,岂不是与桓公的本意相背,又陷他于不义之中呢?

我们也能借御孙的观点,反思那些过于铺张的祭祀活动。往往被祭祀者在世时曾强调过简约守朴的理念,但后人为了表达追思、光耀门楣之意,不惜重金修坟、盛大举办祭典。当这份心意与先人的理念有所冲突时,还是应以不违背先人本意为重,才是真的做到孝与敬吧!

历久弥新说名句

宋代的名臣,也是《资治通鉴》的作者司马光有个长相灵秀俊俏的儿子,名叫司马康。司马康十六七岁时,就能吟诗作对、博议古今,因而受到司马夫人的千般宠爱,常穿戴得光鲜亮丽。

对此，司马光感到忧心，于是作了《训俭示康》，希望能教导儿子懂得俭朴之美。

在文中，司马光对于"俭，德之共也"有独到的解释。他说："共，同也；言有德者皆由俭来也。夫俭则寡欲。君子寡欲，则不役于物，可以直道而行；小人寡欲，则能谨身节用，远罪丰家。"节俭本身并不直接等同于美德，但有美德的人必然有个共同点，那就是节俭。这是什么道理呢？因为俭能使人清心寡欲，能清心寡欲就不会被物质奴役，人若不被物质奴役，自然就能行得正、行得自在。最起码，也能远离因贪欲所引起的灾祸，永保身家平安。

孔子曾指责说："管仲之器小哉！"因为管仲有三个大钱库，有成群的佣人可供使唤，家里的摆设竟然与诸侯没有两样。奢侈使得管仲逾越了身份礼节，所以孔子又骂了一句："管氏而知礼，孰不知礼！"意思是假若管仲这样算是知礼，那天下就没有不知礼的人了。有钱不是罪过，但富而侈，侈而骄，那才是隐忧之所在！

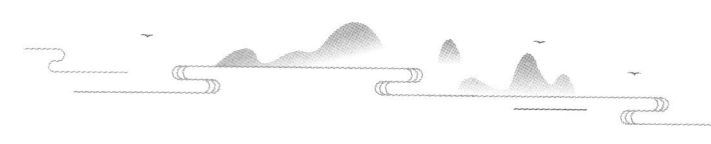

国将兴，听于民；将亡，听于神

名句的诞生

史嚚[1]曰："虢其亡乎！吾闻之：'国将兴，听于民；将亡，听于神。'神，聪明正直而一者也，依人而行。虢多凉[2]德，其何土之能得？"

——庄公三十二年

完全读懂名句

1. 嚚：虢国太史。2. 凉：薄。

语译：史嚚说："虢国将要灭亡了！我听说：'一个国家的兴盛，取决于听从人民的心声；而一个国家将要灭亡，则是取决于听命鬼神的迷信。'神明不但有智慧，又具正直的特性而且是专一的，福与罪，皆依照人们的言行而定。虢国的善德十分稀少，神明怎么可能会给虢国土地呢！"

名句的故事

鲁庄公三十二年，有神明降临虢国的莘地，居住了六个月。国君祭祀之后，神明答应赐给虢国土地。这本为吉祥之事，但太史嚚并不乐观，他认为福与祸不是靠神的赐予，而是归于人自身的行为。如果国君只迷信鬼神、不勤于政事，神不但不会赐福，还会惩罚。果然鲁僖公二年，晋国便伐虢国，灭了其宗庙。

《左传》记载这件事，也透过周惠王与内史过的谈话，强调虢国不会因神降得到福报。周惠王问内史过："为什么会发生这样的事情？"内史过答道："国家若将兴盛，神明会来审视国君的美德。同样地，国家若将衰败，神明也会来审视国君是否失德。所以，有因神明降临而兴盛，也有因神明降临而灭亡。以前的虞、夏、商都发生过，我们周代也是一样。"周惠王又问："现在神明降临了，该怎么做？"内史过说："从降临的那天起，以祭品来祭祀就可以。"周惠王便祭祀了神明。之后，内史过经过虢国，听闻虢国国君向神明请求赐予土地，便说："虢国肯定要灭亡了！国君无道，不知内修政务，竟求神明凭空赐予土地。"他认为神的降临，并不专主好事，也会审视坏事，重点在于国君是否行德政。

在殷商以前，先民崇敬神明的意志，相信人的一切祸福都由神明决定。到了周朝，周人逐渐认为，神明并不会随意降福降祸，要视人自己的行为而定。虢国国君未能勤政爱民，神明自然不可能给予福报；神明若赐予土地，反而是在考验虢国是否有"福气"获得。

历久弥新说名句

南朝梁武帝萧衍，年轻时是一位勤政爱民的皇帝，也是著名的文学家。南齐东昏侯时，萧衍的兄长萧懿任雍州刺史，被东昏侯毒死，萧衍便承继兄长的职位，并设法报仇。

之后，萧衍带兵攻陷国都建康，杀了东昏侯，另立齐和帝。次年，他接受禅让，建立梁朝。萧衍登基后，励精图治，国力渐强。然而萧衍开始笃信佛教，怠忽国家政事。普通八年（公元527年），萧衍首度放弃国君身份，前往同泰寺出家当和尚，三天后返回皇宫，大赦天下。

两年后，萧衍再度出家，并于同泰寺讲论《涅槃经》。这一次，大臣们透过一亿元的财货，说服"皇帝菩萨"回朝执政。大同十二年（公元546年），萧衍又放下政事出家，大臣们比照前例以两倍财货再度赎回皇帝。隔年，第四度上演出家与还俗的戏码。

"国将兴，听于民；将亡，听于神。"梁武帝执政初期，改革时政，颇得民心；晚年却因过度信仰宗教，不问政事，最后爆发"侯景之乱"，饿死于台城，梁朝由此走向衰亡。

心苟无瑕,何恤乎无家

(闵公元年—僖公三十三年)

戎狄豺狼，不可厌也；诸夏亲昵，
不可弃也；宴安酖毒，不可怀也

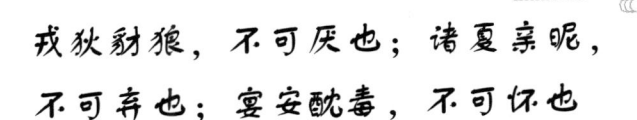

名句的诞生

戎狄豺狼，不可厌也；诸夏亲昵，不可弃也；宴安[1]酖毒[2]，不可怀也。《诗》云："岂不怀归？畏此简书[3]。"

——闵公元年

完全读懂名句

1. 宴安：宴游逸乐。2. 酖毒：毒药、毒酒。3. 简书：告急文书。

语译：戎狄之人如同豺狼，没有满足的时候。华夏诸侯，彼此关系亲近，是不能放弃救援的。宴游逸乐如同毒药，不能耽溺怀念。《诗经》说："怎么不敢赶快回来呢？我担心的是这份告急的信啊！"

名句的故事

鲁闵公元年，狄人讨伐邢国，因而管仲向齐桓公建议，出兵解救邢国的危机。

本句名言，透过管仲之口，反映了春秋时期诸侯的华夏夷狄观。管仲指出，华夏诸国，虽各立一处，但终究是同一个周代礼乐教化的地区，因此他国有难时，齐国必须挺身而出，解救危难。而四方的夷狄，所受的文化与华夏诸国相异，不以礼乐为本，于是行为不受礼的约束，经常贪得无厌。当夷狄侵略华夏诸国时，为了伸张"尊王攘夷"（拥护周天子，排斥夷狄的不轨）的正义，使华夏诸国都能安稳地过日子，无论如何，齐国都要出兵来解救邢国的危难。

本句透过这则事例，说明各国间的攻伐征讨，应在尊王攘夷的前提下，共同维护周王朝的秩序，非出于私己欲望而征伐，如此社会方能安定而免于长期战争之苦。

历久弥新说名句

在《左传》中，多处强调"攘夷"的精神，如著名的"申包胥哭秦庭"。申包胥是伍子胥的朋友，伍子胥的父亲伍奢奉楚平王之命，辅佐教导太子建，却被费无极陷害。结果楚平王杀害伍子胥的父亲伍奢与哥哥伍尚，埋下伍子胥报仇的种子。

伍子胥逃到与楚国对抗的吴国，辅佐吴王阖闾，协助他振兴吴国，成为一方霸主。之后，伍子胥率吴军攻打楚国，势如破竹，攻入了楚国郢都。楚昭王逃亡，伍子胥还鞭笞楚平王的尸骨，几乎快将楚国给灭亡了。身为楚国大夫的申包胥，虽然同情伍子胥的遭遇，但也不能眼睁睁看着国破家亡，于是他向秦国乞求援助（楚昭王是楚平王和秦女所生，秦国是其娘舅家），企图说服秦国出兵攻打吴国，解救楚国。

申包胥便是利用"攘夷"的观念，他向秦王说："吴为封豕长蛇，以荐食上国，虐始于楚。寡君失守社稷，越在草莽，使下臣告急曰：'夷德无厌，若邻于君，疆埸之患也。'"他将吴国比喻为尧帝那时的野猪、长蛇一般，危害人间，数次侵略华夏诸国，现在正在残害楚国。楚国国君败逃到民间，派他带口信前来请求救援。由于"夷狄"侵略的行为从来都没有满足的一天，一旦楚国为吴国所有，那么与楚国边临的秦国将会有战争的祸害啊！

秦王虽觉得有理，但并未因此而发兵救援。申包胥眼见国家灭亡在即，心急如焚，就在庭墙边哭了起来，连续哭了七天。秦王知道后，明白申包胥救楚的一片忠心，于是同意出兵拯救楚国，也平息了这场战争。

国将亡，本必先颠，而后枝叶从之

名句的诞生

公曰："鲁可取乎？"对曰："不可，犹秉¹周礼。周礼，所以本也。臣闻之：'国将亡，本必先颠²，而后枝叶从之。'鲁不弃周礼，未可动也。"

——闵公元年

完全读懂名句

1. 秉：以手执握；掌握、执掌。2. 颠：坠落。

语译：齐桓公说："鲁国可以攻取吗？"齐国大夫仲孙说："不行，鲁国尚且还在奉行周礼。周礼，是一切礼法的根本。我听说：'一个国家将要灭亡，其根本一定会先坠落，然后其他如枝叶的细节才会跟着衰败。'鲁国尚不废弃周礼，因此不可出兵攻伐。"

名句的故事

鲁闵公元年时，由于鲁庄公死后，鲁国发生夺权内乱，直到该年才将鲁庄公下葬。鲁庄公晚年，有一次鲁大夫梁氏家预演求雨之祭，庄公之子子般及其妹（一说是子般爱慕的女子）也在场，此时司掌养马之职的荦却与她嬉闹，子般怒而鞭打荦。不过，鲁庄公认为，荦是有力气的人，犯此错应当直接处决，而非鞭打他，留下报复的后患。果然，鲁庄公死后，子般即位，庄公之弟庆父便派荦来杀害子般，另立鲁闵公。

此次政变后，齐国大臣仲孙前来吊唁。回国后，齐桓公问他庆父专权的情形，以及可不可以伐鲁，仲孙便说："目前鲁国虽还在庆父之乱中，但庆父终究会被制裁的。"（"庆父不死，鲁难未已"典故出处。）至于鲁国可不可以攻打，仲孙便以上述一番话回应齐桓公。他指出一个国家的盛衰，在于是否有常规大法的管理，由于鲁国没废周礼，仍维系其立国根基，所以是不能攻伐取胜的。

仲孙又以树木来比喻国家，若根部健全，就算枝叶被风吹折，日后还能再长出新的。反之，若根部已被刨除，无法汲取生长的养分，即便长得再好的枝叶，终究会枯萎凋零。因此，国家虽暂有权臣猖獗，但只要常规制度不废，权臣难脱法网，国家必能恢复秩序。

历久弥新说名句

《管子·牧民》中提到："国有四维，一维绝则倾，二维绝则危，三维绝则覆，四维绝则灭，倾可正也，危可安也，覆可起也，灭不可复错也。何谓四维？一曰礼，二曰义，三曰廉，四曰耻。"让国家正常发展的有四个基本要素，分别为礼、义、廉、耻。若失去其中一个要素，国家会出现倾倒的迹象；一旦有两个要素不见，会遭遇危险；失去三个要素，将导致国家崩解；若四个要素都不存在，这个国家就会灭亡了。清楚反映了"重本"的思想。

《宋史》中记录了岳飞至孝与至忠的事迹。当时，徽、钦二帝被金人掳走，大半江山为金人所有。岳飞的母亲来不及南迁，仍在河北一地，岳飞设法将母亲迎至南方。由于岳母身有痼疾，每当服药时，岳飞总亲自侍奉。岳飞生活俭朴，远离声色，同为抗金名将的吴玠有一次想要送他美妾，被一口回绝："二帝仍在敌营受苦，身为人臣怎可以先安乐？"

高宗曾想替岳飞建造府第，被岳飞婉拒说："敌人未灭，何以为家？"高宗又问："天下何时才能太平？"岳飞便答："文臣不爱钱，武臣不惜死，天下太平矣。"短短数语，道出从官员到百姓若都有礼、义、廉、耻之心，国家自然强盛，天下自然太平；若丧失这些"本"，敌人随时都有可乘之机。

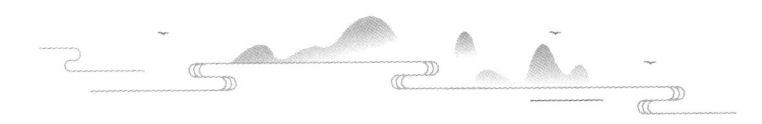

心苟无瑕，何恤乎无家

名句的诞生

士蒍曰："大子不得立矣。分之都城而位以卿，先为之极，又焉得立。不如逃之，无使罪至。为吴大伯，不亦可乎？犹有令名，与其及也。且谚曰：'心苟无瑕[1]，何恤[2]乎无家？'天若祚[3]大子，其无晋乎？"

——闵公元年

完全读懂名句

1. 瑕：过错。2. 恤：忧心。3. 祚：保佑，福佑。

语译：晋国大夫士蒍说："太子可能会被废黜了。（晋献公）把都城曲沃分给他，又给他卿的地位。先让他的地位达到顶点了，恐怕不会立他为国君。（太子）不如先逃走，不要等到大罪降下来。像泰伯出奔到吴那样，不也是可以吗？与其遭到罪刑，不如现在出走，还能有好的名声。而且谚语说：'内心若是觉得自己没有过错,何必害怕没有安身之处呢?'上天如果保佑太子,应该不会让他留在晋国吧?"

名句的故事

《左传·庄公二十八年》记载晋献公"烝于齐姜",齐姜是他父亲晋武公的妾;所谓"烝",指与长辈妇女通奸之事。齐姜生了申生。献公即位后,立齐姜为夫人,申生为太子,但齐姜早逝。晋献公后来又娶了戎国女子,大戎胡姬生了重耳,她妹妹小戎子生了夷吾。晋国伐骊戎的时候,骊戎把骊姬送给晋献公,于是晋献公又跟骊姬生了奚齐,跟骊姬陪嫁来的妹妹生了卓子。在现代的眼光看来,晋献公一家人可说是"联合国"。

在这个复杂的家庭里,每个人都有自己的考量。晋献公宠幸骊姬,骊姬希望立自己所生的奚齐为太子,于是骊姬联合献公宠信的两个大夫——梁五、东关嬖五,说服献公,让太子申生以及重耳、夷吾离开都城绛(今山西翼城东南),申生被派到宗庙所在的曲沃;重耳和夷吾分别被派到蒲和屈这两个地方。其他的儿子都远离权力核心,只有骊姬和她妹妹所生的两个儿子在献公左右。

晋献公十六年,献公和太子申生联合出击,灭了耿国、霍国、魏国。回国后,献公为太子在曲沃筑城。这时献公的重臣士蒍以他独到的政治眼光,预言太子申生以后不可能即位为国君了,建议他出奔,以免有杀身之祸,他引用当时的俗谚"心苟无瑕，何恤乎无家"来劝申生离开晋国。但是申生并没有接受他的建议。

后来，骊姬设计一个圈套，让申生回到曲沃祭祀他死去的母亲，申生把祭祀的肉拿回来给献公时，骊姬偷偷在肉上下毒，献公发现后，认定是申生要毒害他，大怒，要处死申生。重耳劝申生："你怎么不跟父亲说清楚呢？"申生说："不行。父亲喜爱骊姬，我这样会伤了父亲的心。"重耳劝他逃亡，他说："父亲以为我要杀他，天下哪里有没父亲的国家？我要到哪里去呢？"于是申生便"受赐而死"了。

历久弥新说名句

申生的故事是个典型的悲剧，他的母亲早逝，而且由于他母亲与晋献公不伦的关系，一直有人怀疑，申生与晋献公到底是父子还是兄弟？根据史书的记载，申生似乎是个各方面都很完美的人，他品德高尚、能征善战，但是在后母骊姬的舞弄下，他注定没有生存的空间。但是站在骊姬的角度，她是一个异族女子，被许配给了年老的晋献公，她必须要巩固自己及儿子的地位，似乎也是人之常情。剧作家姚一苇便曾以《申生》为主题创作了一部表现"命运是环境在内心所造成的压力"之剧作。

士蔿则是位杰出的政治家，他辅佐晋武公、晋献公，帮助晋国对外攻城掠地，对内铲除异己，他在申生自杀、重耳及夷吾势力渐渐崛起后，说："一国三公，吾谁适从？"（《左传·僖公五年》），因而退休。他早知申生的处境和命运，劝他"心苟无瑕，何恤乎无家"，学泰伯奔吴，只可惜申生的个性并不懂得保身安命。

据说周太王古公亶父有三个儿子——泰伯、仲雍、季历，而季历有一个儿子叫昌（即后来的周文王），从小就非常优秀聪明，周太王希望季历的儿子姬昌来接掌周家的天下，但是碍于嫡长子继承制，不知该如何是好。泰伯和仲雍得知父亲的心意后，便出奔到吴地，让季历及姬昌得以继承王位。孔子盛赞泰伯说："泰伯其可谓至德也已矣，三以天下让，民无德而称焉。"历来诗人到了泰伯庙也常赋诗赞叹，如唐代陆龟蒙《泰伯庙》："故国城荒德未荒，年年椒奠湿中堂。迩来父子争天下，不信人间有让王。"

或许申生若像泰伯或士蔿，有随遇而安的人生智慧，结局可以不一样。如同苏轼在《定风波》词中所肯定的态度："试问岭南应不好？却道，此心安处是吾乡。"苏轼的好友王定国受苏轼诗文案牵连，被放逐南蛮，王定国的小妾柔奴一路相随，苏轼问她："在岭南应该很辛苦吧？"她却淡然地说："此心安处，便是吾乡。"苏轼大为折服。白居易也有诗句道："我生本无乡，心安是归处。"（《初出城留别》）也许人生不要太执着，随缘随分，那么不管在哪里，都可以无入而不自得。

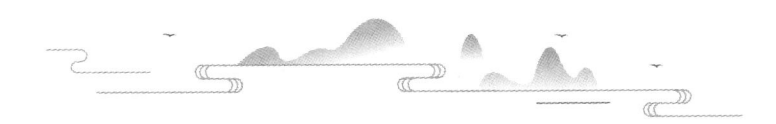

一国三公，吾谁适从

名句的诞生

狐裘尨茸¹，一国三公²，吾谁适从？

——僖公五年

完全读懂名句

1. 尨茸：多而杂乱的样子。2. 一国三公：三公指三个有权势的人，这里比喻政令出于多人，会让人无所适从。

语译：用狐皮做的袍子，毛多而且杂乱，就好像国家的政令出自很多人的意见，我到底该听从谁的呢？

名句的故事

晋国大夫士蔿常为晋献公出谋划策，但是当年轻貌美的骊姬夫人出现后，情况开始有了变化，晋献公的决策常常因为骊姬而动摇。就像这次，骊姬为了让自己的儿子奚齐成为晋国太子，不惜对晋献公的其他儿子下手。重耳与夷吾，就是因为骊姬的诡计，被晋献公分别派去守卫蒲邑与屈邑两个小城。

晋献公也知道这两个小城其实都还是一片空地，所以派士蔿负责修筑出两个城池。士蔿并没有对这修筑工程有多慎重，反而是在城墙里塞了许多柴草，马马虎虎地便交了差。公子夷吾将城池的实际品质，报告了晋献公。献公便把士蔿召来询问原因。士蔿给晋献公一个说法，即没有战争，却修筑城池，一定会引起敌人的注意，那敌人一定会趁城池尚未修好前，便出兵攻占；敌人既然可以占据，那又何必盖得很坚固？

士蔿接着拿出老臣的良心劝诫道："《诗经》上说：'怀德惟宁，宗子惟城。'（心存德行就是安宁，宗室子弟就是城池）君王只要修养德行、巩固宗室弟子的地位，哪有城池可以比得上？"士蔿毕竟是晋国老臣，他早就看穿骊姬的心思，所以他最后直接对晋献公揭开这个阴谋："说不定三年以后就要对这两个城池用兵了，哪里需要谨慎修筑呢？"

后来，晋献公果然受到骊姬的怂恿，相信重耳、夷吾有反叛之心，便出兵攻打蒲邑与屈邑。由于城池并不坚固，所以很快就被攻破了。

历久弥新说名句

南齐明帝在临死前，安排了萧遥光、徐孝嗣、江祏、萧坦之、江祀、刘暄等六个重臣，佐理朝政。东昏侯即位后，这六个人便在朝中轮流当值，当值者会负责在当天的奏章中签署意见，作为皇帝的诏命。雍州刺史萧衍知道后，便说："一国三公犹不堪，况六贵同朝，势必相图，乱相作矣。"意即，一个国家有三个发号施令者，都不堪其乱了，更何况现在是六个权臣都可以下命令，他们之间必会互相图谋权力，以后必定会发生动乱。（《资治通鉴·东昏侯永元元年》）尔后，六贵果然互相展开权力争夺，但都逐一被东昏侯处理掉了。

  唐朝刘知几在参与朝廷修撰史书时，对于标准不一，感到很困扰。期间，他提出一个观点，过去史书的修撰标准，例如《尚书》讲求通达、了解过去，《春秋》重视记事要能惩罚恶行、劝人向善，这些撰述的标准，作者都说得很清楚。但刘知几却发现，后来史官记录，都听从监修官，但是监修官的标准却各不相同，如杨再思主张"必须直言不讳"，尚书宗楚客主张"宜多隐恶"，根本是"一国三公"。因此，刘知几主张修撰史书，要能先建立写作标准，所以他后来推出《史通》，开创出史学理论与史学方法的先河。

大美国学 左传

谚所谓辅车相依，唇亡齿寒者，其虞虢之谓也

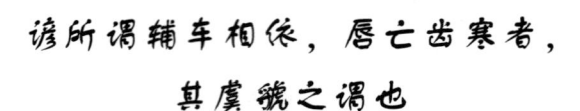

名句的诞生

一之谓甚，其可再乎。谚所谓"辅¹车相依，唇亡齿寒"者，其虞虢之谓也。

——僖公五年

完全读懂名句

1. 辅：古时夹在两边车轮外旁的木板，可以增加车轮的载重力。

语译：一次就够了，难道还要再来第二次吗？俗语说："车轮两边的木板和车子是互相依存的，嘴唇破了，牙齿便会受到寒冷。"这就是虞国和虢国的关系。

名句的故事

鲁僖公二年时，晋献公接受老臣荀息的建议，用好马跟美玉贿赂虞国君王，借由虞国道路出兵攻打虢国，虞国君主还自荐也要出兵。晋军就在与虞军会师后，攻下虢国的下阳。

鲁僖公五年，晋献公想故技重施，再次向虞国借道。虞国大夫宫之奇马上阻拦虞公说："虢国是虞国的屏障，虢国如果灭亡，虞国也无法生存；我们不能开启晋国的野心，对外敌决不可轻忽。"虞公却回答："晋国是我的宗族，难道会害我吗？"宫之奇提出晋国并不爱惜自己宗族的事迹。虞公说："我祭品向来丰盛，上天必定会保佑我。"宫之奇反驳："只有德行才可以用来拜祭神明，上天会眷顾有德行的人。"虞公没听劝告，答应晋国借路的要求。宫之奇便带他的家人离开，并预言："虞国今年无法举行年终的腊祭了；就这一次，虞国就完了，晋国不用再出兵了。"

这年冬天，晋国灭掉了虢国，晋军班师回途时停驻在虞国，顺便也攻下了虞国、抓了虞国的君王。《春秋》说明这段史事为"晋人执虞公"，叙事中突显出"虞公"的角色，说明虞国的下场是咎由自取。

历久弥新说名句

《三国志》记载，魏文帝想征伐孙吴，为官廉洁的鲍勋劝诫说:"王师屡征而未有所克者,盖以吴蜀唇齿相依,凭阻山水,有难拔之势故也。"魏军多次出兵征讨都不成功,因为孙吴与蜀汉唇齿相依,双方会互相支援,再加上天然的山势与水势,孙吴很难被除掉。

五代十国时,石敬瑭向辽国献上燕云十六州,导致后来宋朝的北边防线不时受到威胁。之后,宋朝与新兴的金国签订"海上之盟",约定联手灭辽后可取回燕云十六州。当时,安尧臣为此上书朝廷:"臣恐异时唇亡齿寒,边境有可乘之衅,狼子蓄锐,伺隙以逞其欲。"(《宋史》)安尧臣认为,宋朝是齿、辽国是唇,灭了辽国,便会引进"狼子"金国趁机侵略宋朝。安氏的忧虑果然成真,辽国这道屏障消失后,金人并未履行承诺,还酿成"靖康之变",北宋宣告灭亡。

除了历史,在《红楼梦》一书中,主仆角色的设计也具备互相对照的特色。例如,迎春的个性温和,有点怯懦怕事,当她的首饰被下人拿去当赌注时,下人还敢在她闺房中撒野。不巧被来访的探春看到,心想是欺负到主子头上了,便对赶来灭火的平儿冷笑道:"俗语说的,'物伤其类,唇亡齿寒',我自然有些心惊么。"下人的放肆,让当主子的探春也感到忧心,殊不知哪天轮到自己被欺负。红楼梦灭,本就是一环扣一环。唇与齿,休戚相关,就像武侠小说常说的:剑在,人在;剑亡,人亡,真有那么一回事。

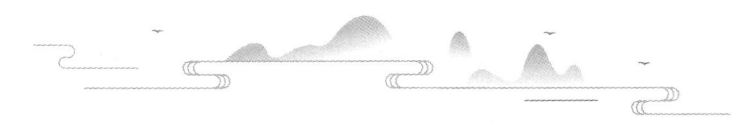

招携以礼，怀远以德

名句的诞生

管仲言于齐侯曰："臣闻之，招携[1]以礼，怀远[2]以德。德礼不易，无人不怀。"

——僖公七年

完全读懂名句

1. 招携：招抚尚未归顺的人。携，有二心不肯归附。2. 怀远：用恩惠、德政去拢络、安抚疏远自己的人。

语译：管仲对齐桓公说："下臣听说，可以用礼法招抚尚未归顺的国家；可以用德行去拢络疏远的国家。凡事只要不违反道德和礼制，就没有人不心存感恩的。"

名句的故事

本篇故事要追溯到几年之前齐桓公发起的首止会盟，目的在于透过国际力量来保全周王室的太子郑。原本想要换掉太子的周惠王，对此深感不满，因此策动郑文公拒绝会盟，转而投靠楚国。郑国大夫申侯，原本为楚文王所用，后来投效郑文公，因此在楚、郑两国的结盟上，扮演重要角色。

鲁僖公六年与七年，齐桓公两次分别纠集各诸侯国出兵讨伐背叛联盟的郑国，申侯都在战争前夕出面斡旋，并从中获取私利。因此，齐桓公第二次出兵时，郑文公便把所有的责任都推到申侯身上，还杀了申侯，想以此讨好齐国。申侯既然当了代罪羔羊，齐桓公决定暂时停止讨伐，转而在宁母召开会盟。齐桓公接受管仲的建言，用礼法与德行对待各国诸侯，因此各诸侯都奉齐桓公为盟主。而郑国的代表太子华却背着自己的父亲郑文公，私下要求齐桓公出兵，除掉郑国境内把持朝政的三家大夫。

齐桓公原本想答应，但是管仲用两个角度劝诫他。第一，儿子与父亲不互相违背，这叫做礼；把握时机、完成君命就是信，这两点都违背了，就没有比这再大的恶行了。第二，齐桓公如果用德行来安抚郑国，郑国不接受，那可再率领诸侯讨伐，郑国自然会感到畏惧；如果听从太子华的话，进攻郑国，那齐国便站不住脚，郑国就有理反抗齐国了。

管仲更进一步分析，诸侯会盟是以尊崇德行为本，让太子华这样奸邪的人参与会盟，齐桓公如何向后世交代呢？齐桓公听了，便婉拒太子华的建议，坐稳盟主的位置。

历久弥新说名句

　　管仲的"招携以礼,怀远以德",就是用"不战"的手段、让对方愿意归顺。晋朝葛洪在《抱朴子·君道》上说:"悦近以怀远,修文以招携。"让周遭的百姓感到生活愉快,用恩惠去拢络远方尚未归顺的人;推动教化、广施德政,用来招抚尚未归心的人。礼与德的作用便在于:"道之以德,齐之以礼,有耻且格。"(《论语·为政》)用道德教化来引导人民,用礼法制度来规范言行,百姓不仅有羞耻心、还能遵守规矩。

　　这也是一种"怀柔政策",用温和的手段让敌人臣服。例如清朝初期的政权尚未完全稳固,因此对待北方的蒙古部族采取了联姻政策,运用血缘融合,达到满蒙一家,进而避免不必要的战端;对待汉民族则是用汉人当官、举行科举考试、撤销东厂锦衣卫之类的特务机构,尽可能沿用一些汉人社会的规范,达到"以汉治汉",降低汉人对清朝的敌意。

　　不论"招携以礼,怀远以德",还是怀柔政策,说穿了,就是从人性着手,从人之所需、所感出发,自然能转为治理的基础。

欲加之罪，其无辞乎？

名句的诞生

里克对曰："不有废也，君何以兴？欲加之罪，其无辞[1]乎？臣闻命矣。"伏剑[2]而死。

——僖公十年

完全读懂名句

1. 辞：言辞，这里指理由、借口。2. 伏剑：用剑自刎而死。

语译：里克回答说："如果没有奚齐、卓子的被废，君王如何能兴起呢？想要给他人加上罪名，难道还找不出理由吗？微臣知道君王的意思了。"说完便用剑自杀而死。

名句的故事

本句故事的主角是晋惠公，也就是夷吾，他的父亲晋献公娶了好几个妻妾，所以他有兄弟申生、重耳、奚齐、卓子。其中，申生是嫡长子，也就是名正言顺的晋国太子，而奚齐则是晋献公最宠爱的夫人骊姬所生。

骊姬希望自己的儿子能继承王位，因此她先贿赂晋献公所宠信的朝臣大夫，将太子申生、重耳和夷吾等人派往边地戍守。但这样还是不够，骊姬施展阴谋，让晋献公以为他的儿子们有谋反之心。申生不肯为自己辩解，选择自缢而亡；重耳、夷吾则是纷纷逃往他国避难。

鲁僖公九年，晋献公过世前立了奚齐为国君，并让老臣荀息担任相国。然而献公一死，便发生王位之争，导致晋国内乱，大夫里克因为支持重耳，所以杀害了刚即君位的奚齐；荀息另立卓子为国君，里克也杀了卓子，还顺便除掉荀息。重耳不肯回国即任君位，所以里克只好接受他的弟弟夷吾回国即位，也就是晋惠公。

晋惠公一上任便决定除掉里克，因为一个杀了两个国君、一个元老重臣的人，依法必须处死；再者，晋惠公也担忧自己会步上奚齐、卓子的后尘。

历久弥新说名句

在功臣与罪臣之间，里克方领悟到"欲加之罪，其无辞乎"。后人便使用"欲加之罪，何患无辞"衍生出存心诬陷人时总是可以无端捏造出罪名，而且还能说得振振有词。

南朝有个类似的故事。话说傅亮是刘宋的开国功臣,宋武帝刘裕临终之前,还将继位的宋少帝托孤给他。然而宋少帝荒淫无道,傅亮等老臣为巩固刘宋政权,先是诛杀了庐陵王,随后则诛杀宋少帝,迎立宋文帝登基。傅亮跟里克犯的是同样的错误,庐陵王与宋少帝两人是宋文帝的手足骨肉,傅亮杀的可不是一般人。对于宋文帝要杀他,傅亮说:"黜昏立明,社稷之计;欲加之罪,其无辞乎。"意即废黜昏君、迎立圣君,这是为了国家大计;想要添加罪名,总是可以找到理由呀。说罢,傅亮就被正法了。

南宋时期,岳飞战功赫赫,宋高宗为了避免岳飞打赢金人,迎回被金人俘虏的徽宗、钦宗两位皇帝,而危及自己的帝位,因此便用十二道金牌召回岳飞。而岳飞一回到临安,便遭宰相秦桧设计,先是被夺去兵权,还被诬陷有造反之举,因而入狱。另一抗金名将韩世忠对此非常愤恨不平,便质问秦桧,岳飞谋反的事实何在?秦桧回答说:"其事体莫须有。"用现代人的话来说,就是不需要有具体的事实。岳飞因之冤死,"莫须有"一词也因而声名大噪,和"欲加之罪,何患无辞",都被视为受人诬陷的代名词。

皮之不存，毛将安傅？

名句的诞生

庆郑曰："背施无亲，幸灾[1]不仁，贪爱不祥，怒邻不义，四德皆失，何以守国？"虢射曰："皮之不存，毛将安傅[2]？"

——僖公十四年

完全读懂名句

1. 幸灾：看到别人有灾难却感到高兴。2. 傅：附着、依附的意思。

语译：晋国大夫庆郑说："背弃曾对自己施恩的人，就会没有亲近的人；看到别人有灾难却感到高兴，是缺乏仁德的人；贪图所爱惜的东西就是不善之人；引起邻国的愤怒就是不义。这四种德行都失去了，还用什么来保护国家呢？"虢射回答说："皮已经不存在，毛又能依附在哪里呢？"

心苟无瑕，何恤乎无家

名句的故事

鲁僖公十四年时的秋天,晋国境内的沙鹿山居然崩塌了,当时负责占卜的官吏卜偃,详加占卦后预测说:"一年内将会有大灾难,几乎会灭亡我们的国家。"果真,晋国灾难的前兆就在秋天结束后发生了。

位居北地的秦国,冬天的寒冷使其欠缺足够的粮食,因此百姓都陷于饥荒之中,于是便派人向晋国采购粮食。晋惠公却拒绝提供援助给秦国。然而,晋惠公的拒绝是站不住脚的,因为他是获得秦国在国际上的支持,方得以坐上晋国君王的宝座。即使事成之后,晋惠公"忘记"要割让五座城池来答谢秦国;而当晋国之前粮食歉收时,晋惠公开口向秦国求购粮食,秦国还是给予协助。

晋惠公显然背信弃义。因之,晋国大夫庆郑便谴责晋惠公失去了四种德行,可能会使国家陷入危境。而另一大夫虢射却认为,当初没有信守承诺将城池割让给秦国,就已经种下双方的仇恨,现在即使给了粮食,也不会减少秦国的怨怼之心,反倒是会增加敌人的实力,因此不如不给。晋惠公选择听从虢射的意见,庆郑只能叹息晋惠公将来一定会后悔。

鲁僖公十五年,秦、晋之间发生战争,秦穆公俘虏了晋惠公,着实应验了占卜之言与庆郑的担忧。

历久弥新说名句

"皮之不存,毛将安傅",被后人用来比喻,如果事物没有借以依附的基础,那也就丧失存在的可能了。西汉刘向在《新序·杂事二》一书中记载了一则"皮毛相依"的故事。话说魏文侯一日外出,在街道上遇见一个把羊毛皮衣反穿的人。魏文侯觉得很奇怪,便问他说:"你为什么把衣服反穿,让皮板露在外面?"那人说:"因为我很爱惜这件皮衣的毛,怕它会被磨损呀。"魏文侯听了便告诉那人:"难道你不知道如果皮板被磨破了,羊毛也就没有地方依附了吗?"

过了一年,魏国的东阳地区上缴的税收是往年的十倍之数,大臣们纷纷向魏文侯道喜。而魏文侯怎么也开心不起来,向诸位大臣说:"爱其毛,不知其里尽,毛无所恃也。"有个人很爱惜他皮衣的毛,却不知没有皮,毛便没有地方附着了。意思是说,东阳就这么大,耕地没有增加、人口数目也是一样,税收怎么会是过去的十倍呢?那必是地方官向百姓横征暴敛的结果,所以魏文侯认为没有什么值得庆贺的。

每一件事物都有它赖以存在的依据,巩固根本,存在才得以延续;如果舍本逐末,忘却事物该有的轻重缓急,那将会得不偿失呀。

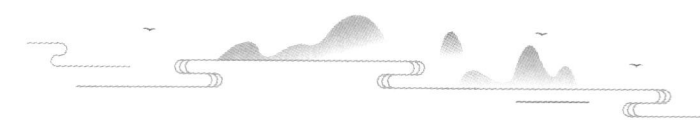

下民之孽，匪降自天，僔遝背憎，职竞由人

名句的诞生

诗曰："下民之孽¹，匪降自天，僔遝背憎²，职竞³由人。"

——僖公十五年

完全读懂名句

1. 孽：灾祸。2. 僔遝背憎：见面时相互附和，背地厌恶不已。僔遝，或作"噂沓"、"僔沓"，指聚集喧哗议论。僔，聚集。3. 职竞：专注在相互竞争上。

语译：《诗经》上说："老百姓所受的灾难，不是从上天降下的，见面时只能说好附和，背地里却是痛恨不已，因为这些权力争夺都是来自小人的野心呀。"

名句的故事

当初秦穆公将晋惠公送上国君的宝座，晋国遇到饥荒，秦穆公也慷慨提供粮食。然而，晋惠公却背信弃义，让秦穆公决定攻打晋国。

晋军连连败阵，退守到韩地。晋国大夫庆郑说，这是晋惠公咎由自取。晋惠公很生气。接着，他占卜出随侍君王车驾的武士是庆郑，但晋惠公要改用别人，驾车的马匹也是用郑国来的。庆郑又说，打仗要用本国的马匹来驾车，因为它们才熟悉当地的道路、听从主人的指挥。但晋惠公不听。晋惠公派韩简去视察军队的状况，韩简回来报告说："当初晋国受到秦国几次帮忙，都还没有报答，现在居然要攻打他们，所以秦军人数虽然比我们少，但是士气高昂，我方则振作不起来。"

秦、晋两军开战。晋惠公的驾车果然陷在烂泥中盘旋不出，晋军抢救不及，秦国俘虏了晋惠公。晋惠公没有反省，还怪罪自己的父亲。当初晋献公想用婚姻拉近秦晋两国的关系时，史苏占得一卦："胜者姓嬴，败者姓姬。"既如此，晋惠公认为当初如果放弃联姻，就不会有现在的结果。同时被秦俘虏的韩简则说："占卜不过是形象、数字。先有事状，才会有形象，形象才会得出数字。"意即，如果没有恶行先发生，怎么会获得不吉祥的占卜结果呢？所以灾祸不是天降，而是来自人的举止，史苏的占卜不过是预先示警而已。

历久弥新说名句

本篇名句出自《诗经》的《十月之交》。诗词首先写出象征凶兆的天象，还有大自然灾难。接着，作者将其视为上天对当权者不修善政的警告，因为老百姓"黾勉从事，不敢告劳"，只敢埋头苦干，不敢多说一句，深怕"无罪无辜，谗口嚣嚣"，担心原本无罪的，也会被奸人陷害，所以上天站出来帮老百姓说话了。作者随后补上"下民之孽，匪降自天。噂沓背憎，职竞由人"，乃从人事的祸害去找出社会动荡不安的直接原因。

事实上，当一个王朝的政权结构开始松散时，也就没有能力对抗或避免天灾。例如唐朝安史之乱后，藩镇割据、宦官专权、朋党倾轧等，中央政权不堪一击，官员们哪有心力照顾老百姓？《全唐文》记载，唐朝后期出现大规模的疫病，造成人民居无定所："近者江淮数道，因之以水旱，加之以疾疠，流亡转徙，十室九空。"而撼动唐朝根基的黄巢之乱，是一场长达十年之久的民变，遍及南北十多省，百姓情何以堪？这是人祸所致呀。

柏拉图在《理想国》中说，最好的政体就是具备智慧、勇敢、节制、正义等四种德性，也就是领导者要有这四种德性，才不会出现"职竞由人"的乱象。

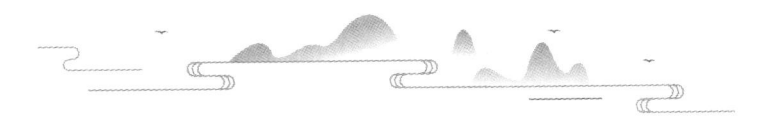

以欲从人，则可；以人从欲，鲜济

名句的诞生

宋襄公欲合诸侯，臧文仲[1]闻之曰："以欲从人，则可；以人从欲[2]，鲜济[3]。"

——僖公二十年

完全读懂名句

1. 臧文仲：春秋时鲁国大臣，世袭司寇，用礼法维护鲁国的公室，辅佐过四任的鲁国国君。2. 从欲：随顺自己的私欲。3. 济：成功，助益，利用、发挥。

语译：宋襄公想要统合诸侯，鲁国的臧文仲听了之后说："让自己的愿望符合他人愿望者，就会成功；要别人配合自己愿望者，很少会成功的。"

名句的故事

先秦时代的"会盟",就如同现代的领袖高峰会议,获得盟主之位,便有机会从中主导国际利益。春秋五霸之一的宋襄公,就是继齐桓公之后也想九合诸侯的一个人物。

齐桓公去世前将太子公子昭托付给了宋襄公。齐桓公死后,齐国因为君位之争,爆发了严重的内乱,宋襄公不负托孤之望,出兵齐国,助公子昭回国当上国君,是为齐孝公。此举让宋襄公觉得自己有机会当上盟主,因此他心急地做了三件事情:首先,抓了滕宣公,强迫滕国要奉宋国为盟主,另外还邀请曹、邾等两国会盟;接着,他又邀请几位诸侯会盟于邾,还指使邾文公用鄫国的君王鄫子来祭拜神明,以此威吓东夷臣服于宋国;第三,宋襄公出兵攻打不肯听话的曹国。

用威吓的手段、用活人祭祀,宋襄公的举措显然违背国际上该有的行事正义,因此其他诸侯开始怀念"齐桓公之好",打算恢复齐桓公在世时的友好联盟。宋襄公显然没看清楚这点,只是一意要举行会盟。在鲁僖公二十一年,宋襄公发起的鹿上之盟,不仅齐孝公不愿意出席支持,在场的楚成王更是拥兵自重、强烈杯葛宋襄公,还抓了宋襄公回楚国去。宋襄公九合诸侯终究失败。

鲁国臧文仲一语戳破宋襄公过大的自我私欲:他不理会多数人之向往,用私欲来求霸,自是不会成功的。

历久弥新说名句

"欲"就是想要的、想做的。实践个人的欲,可以达成个人的目标,有利则善其自身;实践众人的欲,则可达成众人的目标,有利则推及大众,亦是造福人群。因之,《三国志》上说:"夫济大事必以人为本。"以符合众人的利益为出发点,方能够成就大事业。宋襄公之败,便是忘了"屈己之欲,从众之善"(杜预《春秋左传注疏》),胸中无法容纳众人之利者,又怎么会有担当大事的能耐、能够领导群众呢?

清朝两广总督林则徐曾写过一副对联:"海纳百川,有容乃大;壁立千仞,无欲则刚。"大海具备广大的肚量,所以可以容纳许多汇流的河水;岩壁能巍然屹立,是因为它没有私欲,而能展现刚强。大海与岩壁跟随大自然的趋势,所以能成就其大、其高;这也是比喻人的胸怀要宽容、大度,且行事正直而无所私,才会为群众所跟随。

个人之所欲若能和群众福利相结合,便可创造双赢的局面,也唯有如此才有机会成就大事业呀!

师直为壮，曲为老

名句的诞生

军吏曰："以君辟¹臣，辱也。且楚军老²矣，何故退？"子犯曰："师³直为壮，曲⁴为老，岂在久乎？微⁵楚之惠不及此，退三舍⁶辟之，所以报也。背惠食言，以亢⁷其雠，我曲楚直。其众素饱，不可谓老。我退而楚还，我将何求？若其不还，君退臣犯，曲在彼矣！"

——僖公二十八年

完全读懂名句

1. 辟：同"避"。2. 老：疲惫。当时楚已经驻兵约有半年，所以说楚军疲惫。3. 师：军队。4. 曲：不正。5. 微：没有。6. 三舍：一舍为三十里，三舍为九十里。此指僖公二十三年，晋文公对楚成王许诺："晋楚治兵，遇于中原，其辟君三舍。" 7. 亢：保护。

语译：军吏说："晋国的国君躲避楚国的臣子，是一种耻辱。况且楚军疲惫，我们为什么要退呢？"子犯回答："若是光明正大的正义之师，必定斗志壮盛；若是道理有亏的军队，则气势衰弱，怎能以用兵时间的长短来判定是否衰弱呢？当初若没有楚国对我们国君的礼遇与帮忙，我们不可能有今天，因此现在遵守诺言后退九十里，以报答楚国。若背弃恩情、不守诺言，还庇护楚国的仇敌宋国，则我们理亏，楚国理直。楚军向来士气饱满，不能说他们已疲惫。若我们后退，楚国也退兵，还有什么好求的呢？若他们不退兵，这是国君退走、臣子进犯，那就是楚国理亏了！"

名句的故事

晋国与楚国为了争霸中原，在城濮交战。这场战争缘于宋国背叛楚国，而与晋国结好，楚国因此联合诸侯国陈、蔡、郑、许的军队包围宋国都城。宋国军情告急，向晋国求援，晋文公为了答谢宋襄公过去的礼遇，也为了借机取得在国际上的威望，因而决定参战。

当时楚国不仅有四个诸侯国的支持，更刚与曹、卫两国结好，晋国则势单力孤。因此，晋国首要之务便是得到盟友。晋文公于是用计先攻打曹、卫两国，并将得到的土地给宋国，让宋国贿赂齐、秦两大国代为求情，请楚国撤兵。楚国不领情，自然引起齐、秦两国不悦，决定与晋国并肩作战。

楚成王为暂避晋国锋芒，下令撤去围宋的兵马，没想到将军子玉不听，反而率领大军出战，要求晋国恢复卫国国君的王位，并交还从曹国侵占的土地，若晋国答应这两个条件，那楚国就从宋国退兵。

晋文公舅父子犯认为楚国将军子玉身为臣子，却对晋国国君提出两个要求，实在无礼，应把握机会跟他作战。但另一位谋臣先轸提出相反意见，认为若晋国不答应，等同让楚国施恩给宋、曹、卫三国，不如私底下恢复曹、卫，把楚国提出的恩惠转移到晋国身上，离间他们与楚国的关系。晋文公采纳了先轸的意见，使两国感谢晋国，进一步与楚国断交。

子玉得知后相当愤怒，要与晋军一战，此时晋军却向后撤退。晋国军官们都表示抗议。子犯表示，出兵作战最重要的是要能"师出有名"，并说明晋文公曾许下"退避三舍"以报答楚成王的诺言。按理，若未守约，晋国是理亏的。若晋国退避三舍，楚国也退兵，就能解除宋国的困境，让事情有好的结果。但若晋军退了，楚军仍穷追不舍，那就是臣进逼君，晋军回击理直气壮，自然能获胜。

面对子玉无礼的要求，晋文公不直接与他正面冲突，之后两兵交接时更退避三舍，都让晋国在"理"字上站得住脚，成为正义之师。反观楚国将军子玉，在晋国后退时，不听将士的劝，仍执意追击，最后果然被打得溃不成军，让晋军拿下了胜利。

历久弥新说名句

北宋是一个对外冲突频繁的时代，面对外患，朝廷多采取订定盟约以维持和平的策略。

宋真宗时订定的澶渊之盟维持了宋、辽两国几十年的和平，然而双方还是为了边境不时发生争执。宋神宗时，双方交涉重画边境地界，辽国派使臣萧禧到京城，要求以山西的黄嵬山为界，甚至宣称不达目的不回辽国。

神宗派沈括前去谈判。沈括知道是一场硬仗，要能服人一定要有凭据，于是前往枢密院翻阅过去的档案，查到过去议定以古长城为界，若答应辽的要求，则辽的边界就多了三十里。将结果上表神宗后，神宗非常高兴，命沈括绘出地图给萧禧看，萧禧理屈，才不再争论。神宗又赐金千两，命沈括代表宋朝出使辽国。

到辽国后，辽国改由宰相杨益戒谈判。沈括预先让相关人员背熟与宋、辽边界有关的所有文件，谈判中，每当杨益戒提出质疑，沈括总能命人举例答复，应答如流。杨益戒不太高兴地表示："不过一点土地都不愿意放弃，难道您是想让两国的友好关系就此断绝吗？"沈括回答："今天辽国为了一点土地而背弃过去君王订立的重大信誓，威逼我方民众，这样是宋朝有理，一旦发动战争，是我们师出有名，并非对我们不利。"

经过六次谈判，辽国知道无法从沈括这里得到任何好处，只得放弃黄嵬山的分水岭之争。沈括在谈判场上能折服萧禧、杨益戒，正是"师直为壮"的一种表现。

大美国学 左传

因人之力而敝之，不仁；
失其所与，不知；以乱易整，不武

名句的诞生

子犯请击之。公曰："不可。微¹夫人²之力不及此。因人之力而敝³之，不仁；失其所与⁴，不知；以乱易⁵整，不武。吾其还也。"

——僖公三十年

完全读懂名句

1. 微：没有。2. 夫人：那个人，指秦穆公。3. 敝：伤害。4. 所与：指友好国家，即盟国。5. 易：代替。

语译：晋国大夫子犯请求出兵攻打秦军。晋文公说："不行。当初没有秦国的帮助，我也回不了晋国当国君。依靠别人的力量又反过来伤害人家，这是不仁义的；失去秦国这个盟邦，这是不明智的；以分裂代替团结，这不是好的战略。我们还是回去吧！"

名句的故事

现代流行所谓的"壮游",也就是用较长的时间、贫穷的方式,完成难度较高的旅行。晋文公重耳在还没有当上国君之前,就曾经"非自愿"地壮游了十九年。事实是晋国上演了王位卡位战,重耳的后母、父亲、弟弟都曾经要杀他,所以他不得不流亡各国。还好重耳有一群追随他的老臣,包括他的舅舅狐偃(字子犯),重耳虽然有时也会软弱,但在关键时刻,他总是能接纳他们的建议,从善如流,因此每每能化险为夷。

秦国与晋国因为政治上的考量,透过累世通婚来加强双边关系,所谓的"秦晋之好"便是此意。从秦穆公开始娶了晋献公的女儿,到晋怀公(太子圉)尚未登基前在秦国当人质时,秦穆公就把自己的女儿怀嬴嫁给他,谁知太子圉却丢下怀嬴,自己跑回晋国。于是秦穆公决定要帮助重耳,把他从楚国接来,厚待他,还把包括怀嬴在内的五个女儿都嫁给他,并以军队护卫重耳返晋国。重耳回到晋国后即位,是为晋文公。也许是壮游的经历把他锻炼成一个不凡的君主,晋文公在内政外交、文治武功方面皆有建树,是为春秋五霸之一。

郑国是晋国南边的一个小国,原本依附晋国,重耳在流亡期间,到了郑国,郑文公却以"诸侯亡公子过此者众,安可尽礼"(流亡的公子来到这里的那么多,哪能都款待他们)为由,不接待重耳。而且后来郑国又对晋国有二心,想要投靠楚国,于是晋文公便联合秦穆公要攻打郑国。郑国国君听从佚之狐的建议，派说客烛之武前去见秦穆公。烛之武见到秦穆公后，动之以情，诱之以利，说之以理，分析亡郑对晋国有好处，对秦没好处；并愿意以后当秦国的东道主，当秦国要东进时，郑国可以提供秦国补给；又挑拨了秦和晋之间的矛盾，把秦穆公说得点头称是，决定不攻打郑国，还反倒为郑国戍守。烛之武不费一兵一卒，成功化解了郑国的危机，这就是有名的"烛之武退秦师"。

子犯要晋文公乘胜追击。晋文公却坚持感念当年秦穆公对他的恩情，不想与秦国交恶，因此不愿意再继续进犯郑国。由此也可以看出重耳为人之温厚，在春秋乱世实在是难得的人格特质。

历久弥新说名句

春秋时代的政治诡谲多变，国与国之间没有永远的朋友，也没有永远的敌人。《说苑·尊贤》这么描述当时的情势："春秋之时，天子微弱，诸侯力政，皆叛不朝；众暴寡，强劫弱，南夷与北狄交侵中国之不绝若线。"周天子当时几乎是名存实亡，每个诸侯都不把周天子放在眼里，都想要当老大，这时似乎没有什么仁义道德可言，强国不断攻打别的国家，小国只能依附在大国之下，北方的狄人和南方的楚国势力崛起，中原可说是岌岌可危。这个时候，晋文公在城濮一战打败了楚国，并且于践土会盟，让大家承诺协力保护周王室，晋文公俨然是当时的盟主了。

在"烛之武退秦师"这件事中，晋文公之所以攻打郑国，除了报当年郑国不礼遇的仇之外，主要还是因为郑国投靠了楚国。而秦国本来要与晋国一起攻打郑国，之所以临时退兵，也是因为烛之武利用郑国在夹缝中求生存的策略，让秦国觉得攻打郑国对自己不利。在秦国背信的情况下，晋国大可出兵攻打秦国，但是晋文公却以"因人之力而敝之，不仁；失其所与，不知；以乱易整，不武"为由，不攻打秦国，虽说有报秦穆公当年恩情的成分，恐怕也是就战略角度而言，攻打秦国将破坏国际和谐，而晋国恐怕还没有准备好。孟子曰："以力假仁者，霸。"赵岐《孟子章句》注曰："言霸者以大国之力，假仁义之道，然后能霸。若齐桓、晋文等是也。"什么是霸主呢？就是明明靠拳头取胜，但又以仁义道德来掩饰。或许我们从春秋时代的角度来观察今日的国际局势，仍然还是差不多的情况。

心苟无瑕，何恤乎无家

轻则寡谋，无礼则脱

名句的诞生

三十三年，春，秦师过周北门，左右免胄而下[1]，超乘[2]者三百乘。王孙满尚幼，观之，言于王曰："秦师轻而无礼，必败。轻则寡谋，无礼则脱[3]。入险而脱，又不能谋，能无败乎？"

——僖公三十三年

完全读懂名句

1. 免胄而下：士兵除去头盔下车而行。2. 超乘：士兵很快地跳上战车。乘，战车。3. 脱：粗疏且不自约束。

语译：鲁僖公三十三年春，秦国军队路经周王城的北门。除了驾车者，左右侧的士兵都除去头盔下车步行；但没多久，他们又都跳回车上，有三百辆战车都是这种情况。当时周襄王的孙子满年纪还小，他观看后对襄王说："秦军轻佻狂傲、不守礼法，必然会吃败仗。轻佻狂傲就会短少谋略，不守礼法就会粗疏而不自我约束。他们进入险恶之地却如此轻率而无纪律，又不懂得谋略，这还能不失败吗？"

名句的故事

鲁僖公三十二年，秦国驻守在郑国的大夫杞子向秦穆公密报，说他已经掌握了郑国国都北门的钥匙，如果派军前来偷袭郑国，里应外合，便可以占领郑国。秦穆公问大臣蹇叔的意见，蹇叔反对地说："郑国这么远，大军声势浩荡千里跋涉，对方哪有可能不闻风戒备呢？太冒险了！"然而，他的建议没被采纳。秦穆公决定派孟明视（百里奚的儿子）、白乙丙、西乞术（蹇叔的儿子）三人领军出征。军队出发之际，三帅的二位老父——蹇叔和百里奚，中途拦军，放声大哭。蹇叔跟他的儿子说，晋国一定会在崤山两陵之间设下埋伏，他大哭："儿啊！我只见到大军出国门，却见不到大军回国门了！"但秦穆公反而怪蹇叔太老，说等军队回来，他坟上的树都可以长到双手合抱了。

即使老父的告诫言犹在耳，这支远征军一路上依然不懂得遮掩形迹，还非常"高调"地借道王城北门；他们那轻狂的模样，马上令明眼人看出个中隐忧。当时诸侯国的车队经过王城时，士兵得脱下战甲，收束兵器，下车步行直至离城为止。秦军却只做到脱下头盔，士兵也很快地跳回车上，这不免就给人留下粗心无礼的印象！自古以来，军队的整体形象，总是奇妙地攸关胜败，王孙满便观察到这些细节，而说出本篇名句。果然，他的预言成真了。

当时郑国的商人弦高正好到周去做生意，知道秦军将攻打郑国，就来到秦军，送上四张牛皮和十二头牛，说是郑国国君听说秦军将来到郑国，于是派他先来犒师，另外偷偷派人赶快回去告诉郑穆公。郑穆公一边派人去侦查住在郑国的杞子的动向，发现他早已秣马厉兵，准备作战；一边又派人前去见秦军。这情况让杞子吓得立刻跑到齐国。秦国将领孟明视认为郑国已有准备了，只得变更计划，草草攻打滑国，收兵回朝。然而，他们的厄运还没完。

晋国正当晋文公去世不久，晋襄公认为要打败秦国，此机不可失，他穿着丧服就领军出兵。秦军经过崤山时，在那里埋伏多时的晋军，把握良机一举击溃了敌人，活捉三位大将。晋襄公的母亲是秦国嫁来的女子，他为三位大将求情。晋襄公就把他们放了。大臣先轸上朝，知悉此事，大怒，还往地上吐了一口口水。晋襄公反悔，派阳处父去追他们回来，三位秦国将领的船已经离开岸边，阳处父假称是奉晋襄公之命，要来送他们马，孟明视看穿其计谋，坚持不回头。

他们回到秦国后，秦穆公穿着素服到郊外，对着军队哭道："我不听蹇叔的话，使你们受辱了，这是我的罪过啊！"这件事被后人谑称为"蹇叔哭师，三帅困崤山"。若要追究起来，将领粗率寡谋、缺乏自制，恐怕就是吃败仗的主因。无礼会坏事，从这故事来看真是再清楚也不过了！

历久弥新说名句

《韩诗外传》有一则谈礼的故事。某日，齐景公喝醉了，他摘下发冠、解开衣带，弹起琴来。他对左右侍奉的人说："仁者也会像我这样作乐吗？"侍者们回答："仁者也是人啊，怎会不作乐呢？"齐景公心情大好，派人去请晏子来，晏子于是穿着朝服来到国君面前。景公说："你也同我饮酒欢乐吧！"晏子回答："您说这话实在太过了！齐国里身高五尺以上、力气胜过您和我的人多得是，他们之所以不敢犯上，是因为害怕逾越了礼节。要知道天子无礼，则无法守住社稷；诸侯无礼，就无法守住国家；做人无礼，就没有立场差使下属；做人家的下属若是无礼，就没有能力侍奉上位。《诗经》中有句话说：'人而无礼，胡不遄死！'（人要是无礼，还不如死了算了！）"景公听了面露惭愧之色，马上更换朝服，与晏子敬酒。

礼的约束只是一种手段，目的在于使人通过这种训练，能减少犯错、渐次成长。然而，礼的手段与礼的内涵、精神，却不可同物而语。《论语·泰伯》曰："恭而无礼则劳"。这正是提醒人们，了解守礼的原因和道理，远比形式化的恭敬态度重要多了！

文不犯顺，武不违敌

名句的诞生

晋阳处父侵蔡，楚子上救之，与晋师夹泜而军。阳子患之，使谓子上曰："吾闻之：'文不犯顺，武不违敌。'子若欲战，则吾退舍[1]，子济而陈[2]，迟速唯命。不然，纾我。老师[3]费财，亦无益也！"

——僖公三十三年

完全读懂名句

1. 退舍：一舍为三十里。此言军队退行三十里。2. 子济而陈：济，渡川；陈，同"阵"字。3. 老师：老，军队待久了，日趋疲劳；师，军队。双方军队僵持日久，兵将劳累。

语译：晋国大夫阳处父率军入侵蔡国，楚国令尹子上赶去援救，而与晋国军队隔着泜水两相对峙。阳处父感到忧虑，于是派了使者对子上说："我听说：'文的来讲就是不能违背顺理的那方,以武的来讲是不该闪避敌人。'你若想打仗,我就退行三十里,你渡河来布好阵仗,早打晚打都听你的。若不如此就缓我一缓,让我渡河去布阵。现在这样劳累将士、耗费粮财,也没有什么好处啊!"

名句的故事

春秋中叶是晋楚两大国争霸的时期,周遭小国多是采取谁是霸主就依附谁的心态。鲁僖公三十三年,楚国打算攻伐郑国,另立亲楚派的国君;郑向晋求救,阳处父便出兵攻打楚的盟国蔡国,欲使楚军转移目标来救郑国。这就是文中说"文不犯顺,武不违敌"的原因了。阳处父以为既然双方都师出有名,那就痛快地打一场,不要僵持不动。

这故事还有下文。话说阳处父派人对子上传递讯息后,子上果真打算渡河去布阵。但幕僚劝阻说:"万一我们渡河时,他们趁乱攻击那岂不糟糕?还是我们退行三十里,让他们渡河来才好。"子上听从了,就让大军退到后方。阳处父见状,就宣布说:"楚军逃跑了!"然后班师回国。楚军见这仗没得打,也就走了。后来楚成王听了谗言,以为子上丢了楚国的脸,就下令杀他。阳处父因为善谋,竟不费一兵一卒便救了郑国,又除去敌国的大将。

历久弥新说名句

春秋时,吴国曾攻打陈国。吴军行为残虐,不仅破坏了人家的寺庙,还杀害染疫病的人。后来陈国的太宰嚭出使到吴国去,吴王夫差对接待使臣的人说:"听说嚭很会说话,不如问问他,听说'师必有名',那我们打陈国是什么名?"太宰嚭听了回答说:"古人攻伐时,不破坏对方国里的庙祠,不杀害病弱者,也不俘虏白发苍苍的人;而今贵国的行径皆相反,这不是正好可以称为'杀厉之师'吗?"夫差又说:"要是我归还土地,释放你们的人,那又该如何称呼我的军队?"太宰嚭说:"敝国有罪,大王讨伐后却又怜悯、赦免之;如此一来,您还需要担心贵国的军队不是'正名之师'吗?"

由此可见,古人着实很在意名正不正的问题。《左传》中另有"辞顺而弗从,不祥"、"其辞顺,犯顺不祥"的说法,大抵皆与"文不犯顺"同义。过去汤伐桀、武王伐纣都被称为正名之师,凡天理、舆论、民心都与之站在同边。所以,正义之师也是无敌之师,道理就在这里啊!

畏首畏尾，身其余几

（文公六年—成公十八年）

> 闰以正时，时以作事，事以厚生，
> 生民之道，于是乎在矣

名句的诞生

闰月不告朔，非礼也。闰以正时，时以作事[1]，事以厚生。生民之道，于是乎在矣。不告闰朔，弃时政也，何以为民？

——文公六年

完全读懂名句

1. 作事：耕作之农事。

语译：闰月初一之日，鲁国没有举行告朔的仪式，这是不合礼的。闰月用来修正历法计算四季更迭的误差，再根据正确的时间来进行农事，而农事顺遂可使百姓丰衣足食。养育百姓的方法，就是在这里了。不举行告朔的仪式，就是抛弃了因时施政的理念，这又如何能统管百姓呢？

名句的故事

古代历法与今日的农历相近;农历的平年有十二个月,六个大月各三十天,六个小月各二十九天,加起来一年共三百五十四天。然而地球绕太阳公转一周需时约三百六十五天,若按照平年记日月的方式,一年将会少十一天,三年就差一个月。因此古人想出置闰月的方法:每三年要有一年加一个月(闰月,一年有十三个月),每十九年要有七年置闰月。《尚书·尧典》:"以闰月定四时成岁。"这就是以置闰来确定四季的时间,由此才能规划百工之事而兴盛无碍。

古代年历是由天子的羲和官来制订,再由天子连同来年的政令一同颁布给诸侯。诸侯将之收藏于庙祠中,每月逢初一日便入庙将此政令书请出来,由祝史官宣读,作为该月施政的依据,这就是"告朔"。告朔是诸侯每月例行的仪式,它能使政令依时而制;而没有历书的百姓,也能借此敲定农事的时间。鲁文公"闰月不告朔",就等于未告知全国当月是闰月,农事、经济、民生也会间接受到影响,因此《左传》才讥讽之为"非礼也"!

历久弥新说名句

古人将置闰视为大事,唐代陈昌言于《先王正时令赋》中写道:"时失其经,则夏雹而冬震。""故时不得不正,岁不得不闰也。"若历法错误，时日既久，人们就会在夏天的月份见到冰雹，在冬天的月份听到隆隆雷声；百姓也会因此在疫病和农作歉收这些事情上遭殃，这都是因为历法的误差造成的呀！

闰月不告朔固然非礼，平月不告朔也是不合礼法的。周厉王、幽王时，都曾因忽略告朔之礼，而导致朝政紊乱甚至亡国。孔子在《春秋》中批评鲁君不告朔的过失；在《论语》里，他也曾表露对于告朔之礼的重视。

《论语·八佾》云："子贡欲去告朔之饩羊。子曰：'赐也，尔爱其羊，我爱其礼。'"饩羊是宰杀后未烹煮的全羊。鲁国自文公后，君王亲自告朔的礼仪逐渐旷废，却仍然保持每月初一向太庙供奉一只生羊。子贡以为既然君王不告朔，那每月杀一头羊则大可不必。孔子知道后就说："赐啊！你舍不得那头羊，我却更舍不得那告朔之礼！"原来，假若连生羊都不再供奉，那告朔之礼就连"徒留形式"都没有了。与其爱羊不如爱礼，孔子那份择善固执的心情表露无遗！

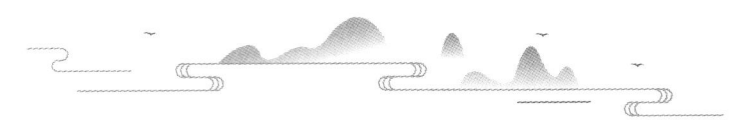

天生民而树之君，以利之也

名句的诞生

苟利于民，孤¹之利也。天生民而树²之君，以利之也。民既利矣，孤必与焉。

——文公十三年

完全读懂名句

1. 孤：古代诸侯君王自称之辞。2. 树：置立。

语译：如果对于人民是有好处的，那对我也是有好处的。上天生化万民之后，又设置一位君王，目的就在于让君王为万民谋福利。万民既然皆获得福利好处，同样地，我也能得到一定的福利。

名句的故事

邾国是先秦时山东地区的一个小国，战国之后称为邹国。邾国与鲁国接壤，因此鲁国经常进犯邾国，根据《左传》记载，在春秋的两百多年里，鲁国对邾国的侵略就有十几次之多。鲁僖公二十一年，邾国出兵鲁国，鲁僖公看不起邾国这样的小国，居然完全不防备，尽管大夫臧文仲劝鲁僖公不可轻敌，他还是不听。结果两军在升陉一战，鲁国战败，邾国得到鲁僖公的头盔，悬挂在城门上庆祝。不过在邾、鲁两国的战争中，邾国还是吃亏的时候较多。

后来，邾国想将国都迁到绎（今山东省绎山之阳）。因为原来的都城訾娄军事地位重要，邾国常受到邻近国家如鲁、齐、莒国的侵扰，都城百姓蒙受很大损失。把都城迁离军事要地，战争时能降低伤害，而且绎山之阳地理形势好，容易防守，也适合农业发展。当时，国家有大事，都要请史官先进行占卜，对于这次迁都，占卜的结果是："利于民而不利于君。"即这次迁都对人民有利，但对国君不利。于是邾文公说出上述名句，表示国家是先有人民才有国君，国君的任务是要让大家过上好生活。周遭的人都跟他说："不迁都的话，您可以再多活很长时间，为什么不要呢？"邾文公就说："命在养民。死之短长，时也。民苟利之，迁也，吉莫如之！"邾文公认为他的生命不在长短，而在照顾他的人民，如果对老百姓好的事情，那就是吉事。结果迁都的当年五月，邾文公就身亡，应验了占卜的结果。《左传》作者给邾文公一个评价，说他"知命"，即他知道自己的天命是什么。

历久弥新说名句

邾文公迁都一事，钱穆先生在《论春秋时代人之道德精神（上）》中说："此一事，骤视若涉迷信。然实亦一件极富道德精神之故事也。邾文公之意，君职正在利民，既为君，尽君职，中国古人谓此是命，命犹云天职也。"邾文公的左右劝他不要迁都说："命可长也，君何弗为？"这个命是寿命的命，邾文公则跳脱这层意义，寿命的长短，谁能控制呢？所谓"死生有命"是也。但个人一生的使命是自己应该尽力的，孔子说："五十知天命"，这个命就是个人的使命，即义务。

在专制统治时代，要国君把人民放在己身之前，并不是那么容易的。邾文公之后两百多年，同样在邹这个地方，有一位赫赫有名的人物——孟子，提出"民为贵，社稷次之，君为轻"的概念，他引用《尚书·泰誓》的话："天视自我民视，天听自我民听。"也就是说，上天是透过人民的所见所闻来决定赏善罚恶，告诫国君必须把民意放在第一位。从这个角度看来，邾文公这段言论可说是时代的先行者，堪称中国民本思想的先驱！

畏首畏尾，身其余几？

名句的诞生

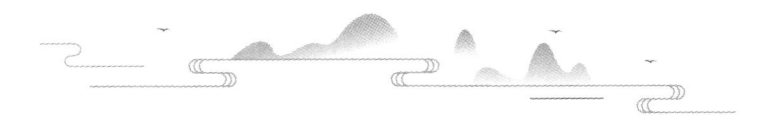

古人有言曰："畏首畏尾，身其余几？"又曰："鹿死不择音[1]。"小国之事大国也，德，则其人也；不德，则其鹿也。铤而走险[2]，急何能择？命之罔极[3]，亦知亡矣。

——文公十七年

完全读懂名句

1. 音：同于"荫"。2. 铤而走险：受逼迫时，采取冒险行动。铤，疾走的样子。3. 命之罔极：下达的命令没有道理可循。

语译：古人曾说："头尾都畏惧，剩下的部分能有多少是不畏惧的？"又说："鹿之将死，则无暇选择能庇护之地。"当小国事奉大国时，若大国以仁德相待，小国就能以人道事奉；若大国不能以仁德相待，则小国就像仓皇的鹿一样。狂走奔跑而踏上冒险之路，危迫时哪还能选择安全的地方？贵国下达的命令没有道理可言，我们也就知道将面临灭亡了。

名句的故事

这是"郑子家告赵宣子书"当中的一段。这封书信有其历史背景。有一次，晋灵公为了处理宋国的问题，便以盟主自居，召集八国诸侯于扈地开会。在会议中，晋灵公拒绝接见郑穆公，还指责郑国二心于楚。郑国大夫子家知道后，就给晋国的赵宣子写了封信。

他历数郑穆公即位以来，不但勤于朝见晋国君主，且还协助巩固周遭小国对晋国的效忠之心。又说，郑国竭诚尽心至此，晋国却还表示："你没有让我称心如意！"那郑国也就只能等待灭亡，再也无法做更多了。虽是等待灭亡，但小国也有小国的尊严。古人不屑于畏首畏尾的心态，况且"鹿死不择音"，若晋国要逼迫郑国至此，那后者临危之时铤而走险，会采取什么行动还不可知呢！

赵宣子读了信之后，就派大夫到郑国讲和，言归于好。遇到生死存亡的考验时，"畏首畏尾"虽是人之常情，但突破恐惧心理、据理力争、放手一搏，往往反而能绝处逢生呢！

历久弥新说名句

"畏首畏尾，身其余几"是很生动的一句话；既然头尾都畏惧，其他部位之"不能自己"也就可想而知。《三侠五义》中有一段情节，亡命之徒邓车、沈仲元为了包拯钦差大印真假一事，意图潜入衙门杀人泄愤。原本计划由邓车下手，沈仲元把风，谁知临行动前竟不见沈的人影，邓车不禁心想："是了！想来他也是个畏首畏尾之人，瞧不得素常夸口，事到头来也不自由了。"可见人一旦惧怕退缩，主权就不在自己，事到临头当然也就"不自由"了。

《陈书》有"畏首畏尾，若存若亡"之语，一个团队若老是处于畏惧强权、犹疑不定的状态，那无异于把命运交给别人，是存是亡都不能由我！

清代良吏和学者汪辉祖在《学治臆说》中谈过"多疑必败"。他说，凡善于疑人、疑事者，都是因为缺乏"定识"的缘故。识不定，则人家说一句，心就动摇一次。因此，人要先能"定识"而后能"权于一心"；能"权于一心"则万事都有分寸，"自然不致畏首畏尾，是谓胆生于识"。这话说得甚妙，算是给畏首畏尾开了个药方子。常人遇大事时，鲜少有不疑不怕的，但若能定中生识，识中生胆，畏惧心理也就能降下大半了！

仁而不武，无能达也

名句的诞生

书¹曰"郑公子归生弑其君夷"，权不足也。君子曰："仁而不武，无能达²也。"

——宣公四年

完全读懂名句

1. 书：记录。此指《春秋》记录了此事。2. 达：实现、完成。

语译：《春秋》记载："郑公子归生（子家）杀了他的君王夷。"这是因为子家权力不足的缘故。君子说："只有仁爱而缺乏武力，没有办法实现仁。"

名句的故事

某日，楚人进献一只大鳖给郑灵公。公子宋与公子家正好前去晋见灵公，在入殿前，子宋的食指突然自行跳动，子宋便将食指给子家看，说："每当我的食指这样动，必定有美食可以享用呢！"

两人入殿晋见，看到厨师正准备将鳖切开，不禁相视而笑。这勾起了灵公的好奇心，问："你们在笑什么呢？"子家便将刚才与子宋的对话告诉灵公。等到要把鳖分给众臣吃时，郑灵公故意捉弄子宋，每个人都赏了，偏偏不让子宋吃。怒火令子宋失去理智，一下便伸手将手指放入锅里，尝了味道后转身忿忿离席。（"染指"的典故出处。）这样不敬的举动，自然惹得郑灵公大怒，起了杀机。子宋打算联合子家先下手为强，但子家不愿意，子宋便反过来要挟他，说要向灵公告密，诬陷子家欲图谋不轨。子家不得已，被迫与子宋一同杀害灵公。

子家作为郑国大夫，对国君与国家本有责任，却无法制止子宋，消弭乱事，反而任凭子宋威胁，杀害郑灵公，落得同谋弑君的罪名。也难怪对于此事，《左传》借有德君子之口表示，徒有仁心却没有相应的实力，是无法实现仁德的。

历久弥新说名句

先秦思想家韩非子说："尧为匹夫，不能治三人，而桀为天子，能乱天下。"尧是古代的圣王，有高洁的品行与治国贤德，但韩非子却说，如果尧只是一个平常百姓，连三个人都驱使不动，更别提治国、行仁政了。韩非子主张富国强兵、建立君王权威,以结束乱世,使国家能够长治久安。对韩非子而言,单凭个人道德无济于实现理想社会,拥有力量才能终止乱象。

汉高祖刘邦宠爱戚夫人,又认为太子过于软弱,曾经想废太子,改立戚夫人所生之子如意为太子,但终究打消此念头。待高祖死后,惠帝知道吕后因嫉恨想杀死如意,便亲自迎他进宫以便保护这同父异母的弟弟。为防吕后下毒,还天天与他同寝共食。但百密总有一疏,惠帝一日早起射猎,如意爬不起来,在寝宫独睡。吕后得知如意落单,立刻派人强灌毒酒,等惠帝回来,早已无力回天。

这些例子皆可作为本篇名句的印证:身处于权力斗争、纷乱时势之中,没有势力就没有办法贯彻良善的意志,甚至会像本篇故事中的子家一样,被迫做出违反自己良心的事。虽然是春秋时代所表达的概念,但在历史上类似的事例却多不胜数,显现出《左传》作者观察的敏锐,更值得后人加以借鉴。

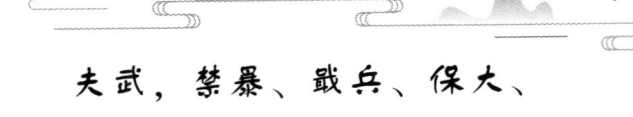

夫武，禁暴、戢兵、保大、
定功、安民、和众、丰财者也

名句的诞生

夫武，禁暴、戢[1]兵、保大[2]、定功[3]、安民、和众、丰财者也，故使子孙无忘其章[4]。今我使二国暴骨[5]，暴矣！观兵以威诸侯，兵不戢矣！暴而不戢，安能保大？犹有晋在，焉得定功？所违民欲犹多，民何安焉？无德而强争诸侯，何以和众？利人之几[6]，而安人之乱，以为己荣，何以丰财？武有七德，我无一焉，何以示子孙？其为先君宫，告成事而已，武非吾功也。

——宣公十二年

完全读懂名句

1. 戢：藏兵。2. 保大：保护国家社稷。3. 定功：巩固基业。4. 章：显著的功绩。5. 暴骨：尸体被阳光曝晒。此处指发动战争，令战士横尸战场。暴同"曝"。6. 几：危险。

大美国学 左传

语译：武是用来禁止暴力、消弭战争、保护国家社稷、巩固基业、让百姓安定、使大众和谐、增加财富的，所以能让子孙不忘记显赫的功绩。如今我使晋、楚两国的士兵曝尸荒野，正是施行暴力啊！列兵向诸侯示威，正使战争无法停止！施行暴力又不停止战争，怎么能保护国家社稷？晋国尚存，怎么得以巩固基业？违背百姓的愿望还很多，怎么能使百姓安定？没有德行却强行与诸侯相争，怎么能使大众和谐？借晋国危难而获得利益，借晋国动荡而发动战争谋求安定，这样怎么能增加财富？武有七项美德，我任何一项都没有，有什么功绩能昭示子孙？不如为我们楚国的先王修建神庙，祭告先王战胜晋国之事就好，武不是我的功绩啊。

名句的故事

鲁宣公十二年，晋、楚两国再度交战，楚国大胜。楚国大臣潘党建议楚庄王收集晋军的尸体作京观（将战败者尸体堆叠，用土覆盖成大型土丘），以表彰这次的胜利，让子孙不要忘记楚国的武功。

战争结束，战胜国多以此夸耀自己的胜利，但楚庄王没有接纳这个意见。他拆解文字，重新诠释"武"字的意义在于"止戈"，即消除战争，并举出武之七德——禁暴、戢兵、保大、定功、安民、和众、丰财。楚庄王认为自己虽然获得胜利，但也让两国士兵死伤无数，徒然夸耀武力使诸侯畏惧，并没有做到让百姓安定，让大众信服，武之七德无一项符合，实在没什么好纪念的。

京观是古代圣王讨伐不敬的昏君，为了惩恶而建的。晋国没有任何罪过，楚国若要以这场胜利作为功绩，反而不合礼。楚庄王并未被胜利冲昏头，只修建了祖先神庙，报告战争的胜利就班师回朝，没有建造京观。

西方兵学家克劳塞维茨的《战争论》提到战争是"暴力最大限度的使用"，主张战争的目的是击溃敌人。但楚庄王这段话将武与德连结起来，赋予凶器之兵实现仁义的价值。武力的作用，除了消极的止战，更要促进国家的发展、维护社会的安定与秩序、使经济繁荣。武德的核心在于仁爱、护民，而不是用在侵略与夺取利益，"武"有了道德上的哲学意涵，也与儒家的精神相辉映。

历久弥新说名句

东汉许慎在《说文解字》中引用"止戈为武"来解释"武"字："楚庄王曰，夫武定功戢兵，故止戈为武。"其实止是脚趾的象形字，戈指武器，故武字的本意是一个人背着武器去打仗，并不是楚庄王所诠释的"停止战争"。但许慎采用了楚庄王的说法，将武这个字归为会意字，同时也揭示了武的道德准则与理想境界。

武有七德的观念一直延续。军事家如诸葛亮的兵书中要求将领在带兵、作战的能力之外,还要有仁爱的品德以及扶持弱小、保护国家的责任感。诸葛亮的《将苑·阴察第十六》提出"禁暴止兵、赏贤罚罪、安仁和众、保大定功、丰挠拒谗"五德,其中几项完全符合本篇名句。在政治上,也期望领导者在使用武力时能依据武德。

  唐代有大型宫廷乐舞《七德舞》,歌颂唐太宗征战创业的事,取名《七德舞》正是强调武与仁德并济的精神意涵。诗人白居易也曾创作同名乐府诗表彰太宗功绩。诗中几句:"歌七德,舞七德,圣人有祚垂无极。岂徒耀神武,岂徒夸圣文,太宗意在陈王业,王业艰难示子孙。"根据的正是楚庄王反驳潘党,不盖京观的理由——要昭示子孙的,岂是君王的英明神武,而是奠定基业的困难啊!

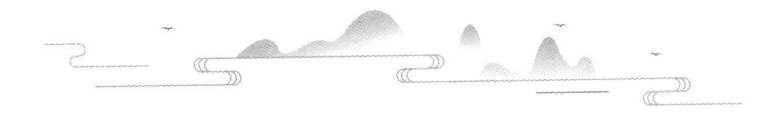

民之多幸，国之不幸也

名句的诞生

善人在上，则国无幸[1]民。谚曰："民之多幸，国之不幸[2]也。"是无善人之谓也。

——宣公十六年

完全读懂名句

1. 幸：侥幸。2. 国之不幸：国家的不幸福。

语译：善人居于领导的位置，那么国家就不会有心存侥幸的人民。俗谚说："人民如果多是抱着侥幸的心态，就是这个国家的不幸。"这便是指没有善人在领导。

名句的故事

鲁宣公十六年，晋国的士会率领军队灭了赤狄的甲氏等部落。三月的时候，士会把抓来的赤狄俘虏献给周天子。晋景公请周天子允许，把士会升格成卿的等级（周代官制诸侯之下为卿，卿之下为大夫），并任命他为晋国的中军将兼太傅。中军将是晋国上、中、下三军中最重要的将领，而太傅则是辅佐君王的三公之一，两个都是很重要且地位高的官职，由此可见晋景公对士会的看重。

士会的任命一经宣布，晋国的盗贼纷纷逃到秦国。针对这件事，晋国的大夫羊舌职有感而发："我曾经听说，以前夏禹任用了贤良的人，结果不好的人便自动离开，这跟士会的情形十分类似。"他更引用《诗经·小雅·小旻》的诗句："战战兢兢，如临深渊，如履薄冰。"认为如果是贤良的人领导国家，那么人民就会保持戒慎、小心翼翼，就好像走到了深水湖的旁边，也好像脚踩到很薄的冰上面，不敢存侥幸之心。反之，如果没有贤良的领导者，那些好逸恶劳、为非作歹的人便会心存侥幸，久而久之，可能在国内掀起祸乱，那么这将会是国家的不幸。

历久弥新说名句

羊舌职称赞士会是善人，可以让"国无幸民"。那么士会到底是什么样的人呢？鲁宣公十二年，晋、楚邲之战时，晋师渡河救郑。当晋军赶到黄河边，郑国都城早已被破，郑襄公甚至脱下上衣，牵羊迎接楚庄王，以示向楚请罪。听到郑、楚讲和的消息，当时身为上军主将的士会不想与楚决战，他说："会（士会）

闻用师，观衅（衅，隙缝）而动，德、刑、政、事、典、礼不易，不可敌也，不为是征。"认为用兵打仗，就是要看准敌人的弱点趁虚而入，楚国的德、刑、政、事、典、礼都合乎常道，不可与之为敌。结果如士会所料，此战晋败楚胜。而士会所统率的军队因为有准备，加上他又亲自殿后指挥退兵，因此在晋军溃败后，上军成为少数不败之兵，由此可知士会见识不凡。

"民之多幸，国之不幸也"，在短短的九个字中就出现了两次"幸"，有些人把"幸"统一视为"幸运"或是"幸福"。但若"幸"字只解释成一个意思的话，整句话将变成"人民感到幸福，便是国家的不幸福"。如此一来反而表示人民与政府的关系对立。这与羊舌职以及士会的言行并不相符。因此"民之多'幸'"应视为侥幸。如《论语·雍也》："人之生也直，罔之生也幸而免。"意思是说：人应该生活得正直、直率，那些苟且生活下来的人不过是侥幸而幸免于难罢了。而"国之不'幸'"应解释为幸福，如此较符合上下文的意思。

畏首畏尾，身其余几

知难而有备，乃可以逞

名句的诞生

齐、楚结好[1]，我新与晋盟，晋、楚争盟[2]，齐师必至。虽晋人伐齐，楚必救之，是齐、楚同我[3]也。知难而有备，乃可以逞[4]。

——成公元年

完全读懂名句

1. 结好：结成友好。2. 争盟：争做盟主。3. 同我：一起对付我国，同以我国为敌。4. 逞：解除，指解除灾祸。

语译：现在齐、楚两国友好，我国则刚与晋国订定盟约。晋、楚互争盟主之位，齐国军队必会借机侵略我国。虽然晋国会去攻打齐国，但楚国也必定会去援救齐国，最后形成齐、楚两国都与我为敌的局面。知道有祸患将发生，因而事先防备，这样忧患灾难才得以解除、缓和。

名句的故事

鲁宣公事奉齐国，对齐国本来极为恭敬，但在鲁宣公十七年，晋、鲁等国联盟，于是变而与齐为敌，因此鲁国大夫臧宣叔说："我新与晋盟，晋、楚争盟，齐师必至。"为了防备齐国入侵，鲁国开始扩建军队，臧宣叔也"令修赋、缮完、具守备"，下令征收军用赋税、修筑城郭、完成防御工作，这样做，是为了"知难而有备，乃可以逞"。

刘向《新序·杂事》中曾记一事：一次，齐桓公和国中三位大臣管仲、鲍叔牙、宁戚一起饮酒。齐桓公对鲍叔牙说："姑且举杯为寡人祝祷一下吧！"鲍叔牙于是捧着酒杯，站起来说："祈祝国君不会忘记自己曾出奔、流亡到莒国，经历许多困难之后，才即位为君啊！再祈祝管仲不要忘记自己曾成了囚徒，被捆绑着从鲁国送回国时的情况啊！也祈祝宁戚不忘记自己当年行商、在车旁喂牛的事啊！"齐桓公连忙离开席位，对鲍叔牙下拜行礼，说："寡人和二位大夫一定不会忘记夫子您这番话，齐国社稷必定不会遭致废弃了！"鲍叔牙此举是为了勉励齐桓公和管仲、宁戚三人，此时虽贵为国君、重臣，仍能不忘忧患艰苦，亦即要居安思危之意。

不论是鲍叔牙的话，还是臧宣叔所说的"知难而有备"，都是要人居安思危、防患未然，如此才能有备无患。

历久弥新说名句

战国时，齐国人淳于髡有一次到邻家拜访，看到他们灶上的烟囱是直的，而且灶旁堆满薪柴，便和邻家主人说："这样子，万一发生火灾，会很危险，难以援救。"建议他将烟囱由直的改为弯曲的，并将柴薪移开，离厨灶远一点。可惜邻居没接受他的劝告。后来，邻居家果然失火，火势从厨灶窜出，很快就烧到旁边堆积的薪柴，甚至延烧到主屋。幸好左邻右舍纷纷赶来协助灭火，才解除了这场灾难。火灾平息后，邻家主人准备了酒肉酬谢前来救援的人，却不见他请淳于髡前来一起用餐。

有人因此笑邻家主人："给你建议的淳于髡固然没有救火的恩泽，但为何你只将那些为了救火忙到焦头烂额的人奉为上宾呢？当初若能听进淳于髡的劝告，就不会有火灾发生，也不需宴请这些人啊！"

后人就用成语"曲突徙薪"劝人事先采取防患措施，以防危险发生。"曲突徙薪"或"知难而有备"，都强调未雨绸缪，因为"凡事豫则立，不豫则废"。做任何事情，要预先准备才能成功，若不预先准备，就容易失败。

唯器与名，不可以假人

名句的诞生

仲尼闻之曰："惜也，不如多与之邑。唯器[1]与名[2]，不可以假[3]人，君之所司也。名以出信，信以守器，器以藏礼，礼以行义，义以生利，利以平[4]民，政之大节也。"

——成公二年

完全读懂名句

1. 器：指象征君权的器物，如祭器、车服等。2. 名：礼法制度所规定的名分。3. 假：借用、凭借。4. 平：安定的意思。

语译：孔子知道这件事情后说："很可惜呀，还不如多给他城邑。因为器物和名分，是不能假借给别人的，这是君王所掌握的权责。君王授予名号可获得臣下的信赖，信赖得以维护象征国家体制的器物，器物则是内含社会秩序的礼法，礼法是推行道义的方式，道义可以产生利益，利益可以安定百姓，这就是治理国家的人该做的事情呀。"

名句的故事

鲁宣公十七年，晋景公觊觎齐国霸主地位已久，便联络了鲁、卫等小国，一起和晋国的大夫们前去齐国，商讨晋国要召开会盟的事。然而，齐顷公却嘲弄这些代表。各国代表不堪受辱，誓言要向齐国讨回尊严。鲁成公二年，齐顷公听说鲁国想要联合楚国对抗齐国，决定先发制人，挥军进攻鲁国。

鲁、卫有同盟之谊，卫穆公也派大夫孙桓子等人率兵攻打齐国。两军在新筑展开一场激烈厮杀，结果卫军大败，孙桓子多亏新筑人仲叔于奚援助，才避免做了俘虏。卫国人为了答谢仲叔于奚，便要分封城邑给他。但仲叔于奚婉拒了这份厚礼，反而要求获得能代表贵族身份识别的"繁缨"。在讲究礼法的社会中，非贵族的仲叔于奚的请求，具政治性的意义，即要求提升他的社会阶级。卫国国君对这个不花一毛钱的请求，很快便答应了。

孔夫子明确指出："若以假人，与人政也。政亡，则国家从之，弗可止也已。"君主把名分与器物给了不该给的人，等于让别人分享政权；君王失去政权，国家无可避免地会跟着灭亡。这或许也是卫国很快灭亡的缘故呀！

历久弥新说名句

　　名与器虽然不可随便授予，但历史上一直存在着合法获得名与器的管道。《史记·秦始皇本纪》记载，由于发生蝗虫灾害，造成粮食不足，所以秦始皇下令："百姓纳粟千石，拜爵一级。"只要交够千石粟米，便可进爵位一级。自东汉起，历代有不同的"捐官"方式，甚至有依据官职高低来订定买卖价格的情况。

　　一般老百姓有了名分，可能真是一种奖赏，但如果是像"乱世奸雄"曹操这种人，情况就不同了。曹操获得丞相的名分后，开始采用天子规格的车舆与服饰，后来甚至干涉百官的授予，实质上行使了汉献帝的权责。曹操挟持了天子，汉献帝被迫和曹操分享政权，东汉至此已名存实亡。

　　东汉的刘玄在打败王莽、即位为汉更始帝之后，便大量设官封爵，用了许多宵小之辈。当时流传着："烂羊胃，骑都尉；烂羊头，关内侯。"（《后汉书·刘玄传》）骑都尉、关内侯都是官职名称，整句意指有官爵名分的人到处都是，就像羊头、羊胃一样的多、一样的低贱。于是后人便用烂羊胃、烂羊头，比喻滥售官位名分。

欲勇者贾余余勇

名句的诞生

齐高固¹入晋师,桀²石以投人,禽³之而乘其车,系桑本⁴焉,以徇⁵齐垒⁶,曰:"欲勇者贾余余勇。"

——成公二年

完全读懂名句

1. 高固:齐国上卿,又称高宣子。2. 桀:举起。3. 禽:同"擒",捕抓。4. 桑本:带根的桑树。5. 徇:巡行遍告。6. 垒:营垒。

语译:齐国上卿高固徒步闯入晋军营,拿起石头就砸人,抓了一个晋国士兵,并坐上他的战车,连根拔起一棵桑树,将它绑在车上,回到齐国军营巡行一遍,高声说:"想要勇气的人可以来买我多余的勇气。"

名句的故事

鲁成公二年春，齐顷公率兵入侵鲁国，卫国派大夫孙良夫领军攻伐齐国以助鲁国。结果鲁、卫皆败，向晋国求救。晋景公答应发八百辆兵车，由却克统领中军，士燮为上军副帅，栾书领下军，韩厥任司马，前去救援鲁、卫。

鲁国大夫臧宣叔为晋军做向导引路，和鲁国卿季文子所领鲁军会合后，往卫国出发，紧跟齐军到达卫国境内的莘地，这是通往齐国的要道。不久，联军一直追到齐国靡笄山下。

当时齐顷公派人向晋国主帅却克约定隔日早晨决战，却克回应说："鲁国和卫国是晋国的兄弟之邦，我国国君不忍兄弟之国常受到齐国的侮辱，因而命我们前来请贵国观照鲁、卫，并不要久留贵国。我们只能前进，不能后退，既然贵国国君要求明日兵戎相见，必不辱君命。"齐顷公知道后说："晋国大夫应允作战，正是我的愿望；如果不答应交战，我们还是要兵戎相见的。"

这时齐国上卿高固只身闯入晋军营，如入无人之境，不仅砸伤数人，还抓了一名士兵并抢夺他的战车，神勇无比地回到齐营，高喊："想要勇气的人可以来买我多余的勇气。"充满挑衅地表示自己还有很多多余的勇力可以出售，为齐、晋鞍之战揭开序幕。

历久弥新说名句

"余勇可贾"典出于此，比喻一个人勇力充沛，持久不懈。而高固在此的种种举动，除了展现他个人勇力无比外，也显现了齐军过于骄傲、气焰嚣张，实已埋下战败的伏笔。

不只盛气凌人的高固骄傲自满，齐顷公也是如此。第二天，两军在齐国的鞌地摆开阵势。一早，大军还没出发，齐顷公就说："等我消灭了这些人，再回来吃早饭也不迟！"甚至还没帮马披上马甲，就急着驰向晋军。显见齐军太过自大、轻敌冒进，以为不费吹灰之力即可歼灭晋军。晋军则是上下一心，即使主帅却克被箭射伤，血流到鞋子了，仍不断击鼓进攻，个个抱着战死的决心和齐军奋战，还绕华不注山三圈，死命追逐齐军，最后终于赢得胜利，印证了"骄兵必败"的道理。

《庄子·徐无鬼》记载一则故事：吴王登上猕猴山，群猴看到他，纷纷逃走，只有一只来回跳跃，似乎在向吴王炫耀它的灵巧，吴王以箭射它，也被它敏捷地接住。吴王于是召来左右助手一起射击，这只猴终被射死。吴王对他的朋友颜不疑说："这只猴子恃于他的灵巧敏捷，最后才会丧命。所以我们应引以为戒，不要以骄傲的态度对人啊！"若非齐国君臣过于骄傲，鞌之战的结果可能截然不同！

明德，务崇之之谓也；
慎罚，务去之之谓也

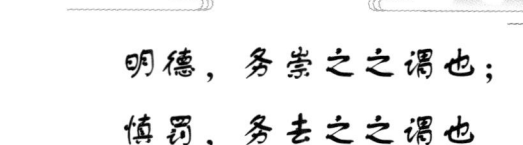

名句的诞生

申公巫臣[1]曰："《周书》曰：'明德慎罚[2]。'文王所以造周也。明德，务崇之之谓也；慎罚，务去之之谓也。若兴诸侯以取大罚，非慎之也，君其图之。"

——成公二年

完全读懂名句

1. 申公巫臣：楚国大夫屈巫，字子灵，因封地位于申地（约位于今河南南阳）而又称申公巫臣。2. 明德慎罚：彰显美德，谨慎地施加刑罚。

语译：申公巫臣说："《周书》说：'彰显美德，谨慎地施加刑罚。'这是文王之所以能创立周朝的原因。明德，就是努力发扬美善的德行；慎罚，就是努力避免邪恶的作为。如果因美色而发动诸侯的军队，招来巨大的惩罚，这不合'慎罚'之旨，国君您请三思啊！"

名句的故事

商代有与纣王一同于酒池肉林中享乐的妲己，而在春秋时代的陈国，则有一名备受争议的美女夏姬。她本是郑穆公之女，因嫁给陈国的司马夏御叔，而被称为"夏姬"。据说在婚前，她与一名青年子蛮有了关系，而令其未成年就早夭。出嫁不久，夏御叔也死了，她竟与当时陈国的君主灵公、臣子孔宁、仪行父私通。

由于陈灵公以此羞辱夏姬之子夏征舒，因而被愤怒的夏征舒所弑，并使得孔宁、仪行父两名大夫出逃。楚庄王便借机讨伐陈国，将夏征舒处以车裂之刑，另立陈成公为继任者。

楚国讨伐陈国的夏征舒时，楚庄王一度想纳夏姬为妾。申公巫臣因而劝谏庄王，召集诸侯是为了讨伐夏征舒的弑君之罪，倘若现在纳夏姬，则明显是贪恋她的美色。贪恋美色就是淫乱，淫乱会受到莫大的惩罚。此处巫臣引了《尚书·康诰》中的一段话："惟乃丕显考文王，克明德慎罚，不敢侮鳏寡，庸庸，祗祗，威威，显民，用肇造我区夏，越我一二邦，以修我西土。"意思是：周文王明德慎罚，不欺侮那些鳏夫寡妇孤苦无依之人，任用可用之人，尊敬可敬之人，威慑可威慑之人，并显示这些道理让百姓明白，因而上天使小小的周邦兴盛起来，得以和友邦共同治理西方。他以史事劝谏君主,并对"明德慎罚"加入自己的诠释,使得力图问鼎中原的楚庄王打消了纳夏姬的念头。

没想到楚将子反也想娶夏姬,巫臣也把他给挡了下来。他直言夏姬是个不吉利的女子,不仅先后克死子蛮和夏御叔,陈国更因她差点灭国。于是子反也不要夏姬了,楚庄王便将夏姬赐给楚大夫连尹襄老为妾,谁知一年后,襄老就死于邲(邲,今河南荥阳东北)之战(春秋时代晋楚两国重要战役,楚庄王因此战大败晋军,取得霸主之位),襄老的儿子又和继母夏姬私通。

事实上,就连振振有辞、劝谏君王别贪恋美色的巫臣自己,最后也躲不过夏姬的魅力,利用出使齐国的机会偕夏姬私奔,招来灭族之祸。只能说"美人关"的确难过,夏姬也因而落得"杀三夫、一君、一子,而亡一国、两卿矣"的恶名,被归为与妲己同类的"祸水"之列了。

❧历久弥新说名句❧

《左传》在夏姬的故事中阐释了《周书》"明德慎罚"的意义,告诫君王不可因贪恋美色而破坏了"发扬美德,慎用刑罚"的德政原则。其实,历史上君王由于沉溺美色而失德,破坏了为政原则的情况也常发生,如唐朝天宝十四年(公元755年)发生的安史之乱即为一例。

早年励精图治的唐玄宗,到了晚年逐渐将重心转往宫廷的享乐生活,不仅远离忠臣,任用小人,且宠溺貌美的杨玉环,挥金如土,疏于朝政。白居易在《长恨歌》里便描写出杨贵妃与唐玄宗的纵情生活——"云鬓花颜金步摇,芙蓉帐暖度春宵。春宵苦短日高起,从此君王不早朝"。安史之乱引发的后果是玄宗一行人向西出逃,途经马嵬坡(今陕西兴平市西),玄宗在众将士群情激愤声中,不得不赐死杨贵妃。红颜不等于祸水,但君王若过分沉迷女色,不理政事,便容易任用那些不该任用的人,不惩罚那些应该惩罚的人,一旦朝政落入奸臣手上,就很难落实"明德慎罚"的施政原则。

治理国家实在不可轻忽"明德慎罚"的道理。《荀子·成相》中指出:"治之经,礼与刑,君子以修百姓宁。明德慎罚,国家既治四海平。"意思是:治理国家的根本原则在于道德教化与惩罚用刑,有了礼与刑,君子能用以要求自我,百姓能安分守己不作乱。宣扬美德,慎用刑罚,如此国家可长治久安,四海升平。

信以行义,义以成命

名句的诞生

信以行义,义以成命[1],小国所望而怀也[2]。信不可知,义无所立[3],四方诸侯,其谁不解体[4]?

——成公八年

完全读懂名句

1. 成命:完成命令。2. 望而怀也:希望和怀念的。3. 立:树立。4. 解体:瓦解、离散。

语译:信用是用来推行道义的,而讲道义是为了完成使命,这是小国所盼望和怀念的。如果不知道信用在哪里,道义就无法树立,到时候四方各国的诸侯,怎会不因离心而瓦解呢?

名句的故事

鲁成公八年春天,晋景公派国卿韩穿到鲁国,通知鲁国将汶阳以北的土地给齐国。事实上，这块地早在鲁僖公时赐给鲁公子季友，后被齐国夺走，直到鲁成公二年，因晋、齐鞌之战时齐国战败，才归还给鲁国。

没想到六年后，晋国为了拉拢齐国，竟要鲁国把这块地奉送给齐国。鲁国执政国卿季文子（季友之孙）给韩穿饯行时，终于忍不住私下对韩穿说："大国制义，以为盟主，是以诸侯怀德畏讨，无有二心。"意谓大国处理事务要合情合理，方能成为诸侯盟主，其他各国诸侯也会感念大国的恩德，且因畏惧讨伐而不会萌生叛变之心。

于是季文子以本篇名句表达立场，阐述信与义，接着又引《诗经·大雅·板》的诗句："犹之未远，是用大简。"表示深恐晋国不能深谋远虑，所以用大道理劝谏。希望晋国不要因背信弃义，使诸侯离心，最后无法长久得到诸侯的拥戴。

一个男人前后不一，尚且会失去配偶，更何况是诸侯霸主呢？晋国一下把地还给鲁国，一下又把地夺走，这样的行为不仅引起鲁国不满，也使晋国的盟主地位有所动摇，隔年诸侯国郑国就叛变依附楚国，秦国也借机攻打晋国。

历久弥新说名句

孔子曾说："人而无信，不知其可也。大车无輗，小车无軏，其何以行之哉？"（《论语·为政》）意思是说一个人如果没有信用，真不知道他如何能立足于社会。就好比大车没有輗，小车少了軏，那么车子要怎样行动呢？因为輗和軏都是古代车子的小零件，它们是让车子在路上灵活且安全行走的重要关键。同样的，"信"也是维持社会进步和安定的重要道德，如果一个社会没有了"信实"，那人与人之间将只剩下利害关系，充满虚伪、尔虞我诈，最后社会将为之解体。

对于鲁国汶阳以北土地的处置，晋国可说是出尔反尔，所以季文子举《诗经·卫风·氓》为例，说："女也不爽，士二其行。士也罔极，二三其德。"女子毫无过错，始终如一，男子行为上却有过错。男子的行为毫无准则，前后不一。也就是将晋国比做"二三其德"的男子，时而二，时而三，没有一个准则、节操可言。

然而一个男子言行前后反复，影响的只是个人小我，一个国家的执政者若言行前后反复，影响的将是国家社会整体，怎能不慎重小心呢？

不背本，仁也；不忘旧，信也；无私，忠也；尊君，敏也

名句的诞生

不背本[1]，仁也；不忘旧[2]，信也；无私，忠也；尊君，敏也。仁以接事[3]，信以守之，忠以成之，敏以行之。事虽大，必济[4]。

——成公九年

完全读懂名句

1. 不背本：不背弃根本。2. 不忘旧：不忘记故旧。3. 接事：应接事物，即指处理事情。4. 济：成功。

语译：不背弃根本，这是有仁德；不忘记故旧，这是守信用；没有私心，这是忠诚；尊崇国君，这是敏达。用仁德来办理事情，以信用固守事物，以忠诚完成事情，用敏达来推行事情，有这四种德行，即使是大事，也必定能办成。

名句的故事

本篇名句是晋大夫范文子对钟仪的称赞。

鲁成公九年，面对郑国的叛变，晋、楚战事一触即发。正在此时，晋景公视察储藏兵器的军用仓库，竟发现里面关了一名囚犯。晋景公大感意外，问道："那位戴着南方帽子的囚犯是谁？"仔细一问，才知道两年前秋天，郑国虏获楚国郧县的地方官钟仪，并将他献给晋国，此后就一直囚禁在此处。晋景公于是命人释放钟仪，并亲自召见。

钟仪对晋景公行了两次拜礼，还叩头致谢。晋景公盘问他的官族世系，他回答："是伶人乐官。"晋景公又问："你能奏乐吗？"他回答："这是先父的职官，小人岂敢从事其他工作？"晋景公便让人拿琴给他，钟仪丝毫不惧，在晋景公面前弹奏楚地的音乐。

之后晋景公又问："你们国君为人如何？"他说："这不是小人所能知道的事。"晋景公再三追问，他才回答："当我国国君做太子的时候，有师保（教导太子的官名）事奉、教育他，他每天早上向令尹婴齐（字子重）请教，晚上则是向司马侧（字子反）请教。其他的事我就不知道了。"

晋景公把这些事告诉范文子，文子听后称赞道："这个楚国的俘虏，是位君子啊！"

历久弥新说名句

范文子会认为钟仪是有才有德的君子，是因他："言称先职，不背本也；乐操土风，不忘旧也；称大子，抑无私也；名其二卿，尊君也。"言谈时会称举先人的职官，不背弃根本，具有仁德；奏乐时弹奏家乡的乐调，表示他不忘记故旧，能守信用；说楚共王做太子时的事，可见他不是为了私心而阿谀称颂楚君，相当忠诚；直接称呼楚国二卿之名而不称字，这是尊崇晋国国君，为敏达。

范文子说他具备仁、信、忠、敏这四种德行，处理事情，就算遇大事也能办成，便建议晋景公放他回楚国以促成晋、楚两国和好。因前一年晋国要鲁国把曾被齐国侵夺的汶阳以北之地再给齐国，其背信弃义的作为使诸侯已有二心，郑又叛晋，秦也乘机攻晋，晋国可说陷入困境，所以晋景公听从范文子的建议，用厚礼接待钟仪，让他回国后代晋国求和。

钟仪在晋被囚禁两年，言谈时举止不卑不亢，且仍戴南冠、操南音，可见他不改志、不背本、不忘旧的性格，是以赢得君子称颂。他的故事成为后世有名的历史典故，如成语"南冠楚囚"即用来比喻被羁囚的人不忘故国衣冠；"钟仪楚奏"则比喻即使在被俘与逼迫中，仍不忘本。

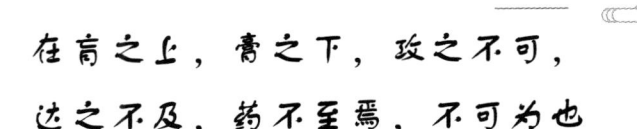

> 在肓之上，膏之下，攻之不可，
> 达之不及，药不至焉，不可为也

名句的诞生

医至，曰："疾不可为也！在肓之上，膏之下¹，攻之不可²，达之不及³，药不至焉，不可为也！"

——成公十年

完全读懂名句

1. 在肓之上，膏之下：古代医学以心脏尖端的脂肪为"膏"，而位于胸腹的横膈膜之间为"肓"。2. 攻之不可：指无法以灸草治疗。攻，攻治。3. 达之不及：以金针治疗也无法产生作用。

语译：医生到达，说："这个病治不了了！病在肓的上边，膏的下边，用灸草治不到那里，用金针达不到那里，内服药的药力也无法到，这病不能治好了！"

名句的故事

鲁成公五年，晋国大夫赵婴与侄媳赵庄姬私下通奸乱伦，被兄长赵同、赵括驱逐到齐国。三年后，怀恨在心的庄姬诬陷赵同、赵括将犯上作乱，晋景公便下令诛杀赵氏子孙，只留庄姬与其子赵武继承土地。

过了两年，晋景公梦见一厉鬼，长发披散、面露凶光，狠狠地对他说："你没有道义，大肆屠杀我的子孙，如今总算老天有眼，天帝允许我向你报仇！"厉鬼破坏宫殿和寝宫大门，向景公直扑而来。景公十分害怕，立刻躲入内室。这更激怒了厉鬼，连内室的门也被毁去。千钧一发之际，景公惊醒了。

余悸未消的景公召见巫人为他占梦。没想到巫人说的话与景公梦境相同，还说国君活不了多久，吃不到新收的麦子。不久，晋景公病情加剧，到秦国延请医生。名医还没抵达前，晋景公梦见两个小孩子，一个说："名医要来了，恐怕会伤害我们，要往哪里逃好呢？"另一个说："我们待在肓的上面，膏的下面，他能拿我们怎么办呢？"

本篇名句出自名医对晋景公的诊断，如梦境的小孩所言，景公已病入膏肓，他也无能为力了。

历久弥新说名句

《韩非子·喻老》也有一则"病入膏肓"的故事。春秋时期,名医扁鹊前去晋见蔡桓公。扁鹊对蔡桓公说:"您生病了,还好症状轻微,才在皮肤纹理间而已,应及时治疗,免得延误病情。"蔡桓公不悦地回答:"我一点病也没有。"待扁鹊离开,蔡桓公对人说:"真受不了这些医生总爱没病说成有病,借医治没病的人炫耀医术!"

十天后,扁鹊再去晋见蔡桓公,察看后说:"您的病情已扩散到肌肉里。如果不治疗,病情会加重。"蔡桓公还是不信,把扁鹊的话当耳边风。过了十天,扁鹊三度晋见,并说:"您的病不能再拖了,现在甚至扩散到肠胃里,再不赶紧医治,病情将会恶化,请您好好考虑啊!"蔡桓公仍毫不理睬。

再隔了十天,扁鹊第四度见蔡桓公,却望了望,回身就走。蔡桓公觉得奇怪,派人去问。扁鹊说:"一开始国君的病情很轻,才到皮肤纹理间,用汤药清洗或敷上热的灸草,很容易就能治愈;接下来病况加重,到了肌肉里面,施以金针仍能攻克;接着疾病侵入肠胃,服用草药熬成的汤剂还有疗效。可是眼下他的病深入骨髓,我已无能为力。"

五天过后,蔡桓公浑身疼痛,才派人找扁鹊来医治,但扁鹊早已远走高飞,逃往秦国。病情严峻、遍寻名医不着的蔡桓公果然不久即身亡。

圣达节，次守节，下失节

名句的诞生

诸侯将见子臧[1]于王而立之，子臧辞曰："《前志》[2]有之曰：'圣达节[3]，次守节，下失节。'为君非吾节也。虽不能圣[4]，敢失守[5]乎？"遂逃，奔宋。

——成公十五年

完全读懂名句

1. 子臧：曹国公子欣时（《公羊传》作公子喜时），字子臧，为曹宣公庶子。2. 《前志》：古书名。3. 达节：指人的行为，不论进退，都合乎节义。4. 不能圣：不能及于圣人。5. 失守：即失节。

语译：数国会盟的诸侯要让子臧觐见周天子，并立他做曹国国君，子臧辞谢说："古书上说：'圣人不论进退都能达到节义的最高水准，次一等的则保守节义，最下等是唯利是图，没有节义。'做国君这件事不合我的节义，虽然我不及圣人，但怎敢贪君位而失节呢？"于是就逃亡到宋国。

名句的故事

两年前，曹宣公死在伐秦的军中，曹国人让公子负刍负责守国，公子欣时（子臧）负责迎回曹宣公的灵柩，但是负刍却杀了太子自立为君，是为曹成公。

这样大逆不道之举引起诸侯不满，纷纷请求晋国讨伐曹国。但此时晋国刚结束伐秦之役不久，兵民俱疲，不愿立即发起战事。众臣安葬曹宣公后，子臧准备逃亡，没想到国中重要人物都打算跟随他。曹成公慌了，便向子臧坦承过错，请求他留在国内。子臧最后虽然留在曹国，却将封邑还给曹成公，以表达他内心的不满。

鲁成公十五年，晋厉公和鲁、卫、郑、曹等国会盟讨伐弑君篡位的曹成公，取得胜利后，将曹成公送到京师去交由周天子裁示。会盟的诸侯希望立子臧为曹国国君，子臧于是说出这段话，表示他有所为，也有所不为，坚持不做曹国国君，还逃亡到宋国去。

最后是在曹国人三番两次向晋厉公请求，晋厉公才在鲁成公十六年对逃亡到宋国的子臧说："你回国吧！我会将你们的国君曹成公送回的。"果真子臧回国后，曹成公也回到了曹国。这次子臧不只交出他的封邑，连国卿的职位也交出，不再肩负曹国任何官职。由此可见子臧出入进退间为与不为的原则。

历久弥新说名句

春秋时，吴国国君寿梦有四个儿子，他认为四子季札最贤能，一直有意要传位给他。季札的三位兄长知道父亲的心意，也认为季札确有德行才干，都乐见其成，愿意拥戴他即位。

吴王寿梦去世后，长子诸樊继位，一等服丧期满，他便打算立弟弟季札为国君，只是季札以子臧为例，说子臧不为国君是"能守节"，况且诸樊又不像曹成公以不义的手段成为国君，其继位名正言顺，又有谁敢冒犯他呢？子臧说："为君非吾节也。"同样的，季札也说："有国，非吾节也。"成为国君不符合他的节操标准。他谦称自己虽然没有才能，但仍愿意追随子臧，以期做到"不失节"。

诸樊、季札互相让国，可说其来有自。其祖周泰伯便因父亲太王有意传位给幼子季历与孙子姬昌，于是主动让位，自己逃到蛮荒之地，才建立了吴国。这让国之风或许是吴国能长治久安的一个要素吧！

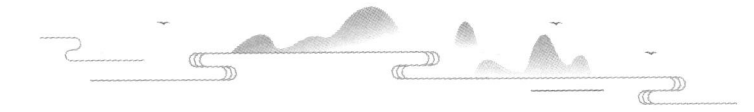

德、刑、详、义、礼、信,战之器也

名句的诞生

德、刑、详[1]、义、礼、信,战之器也。德以施惠,刑以正邪,详以事神,义以建利,礼以顺时,信以守物。

——成公十六年

完全读懂名句

1. 详:庄重、不急躁的样子。

语译:德行、刑罚、庄重、道义、礼法、信用,是战争获胜具备的方式。德行是对百姓施予恩惠,刑罚用来导正邪恶,用庄重来事奉神明,用道义来建立利益,用礼法来顺应时节变化,信用则可以维护大局。

名句的故事

楚、晋两国争霸多年。鲁成公十六年春,楚共王派遣公子成，奉上汝阴一带的土地给郑国，郑国在利益当前下，背叛晋国，郑穆公的儿子子驷还在武城与楚国结盟。同年夏天，郑国的子罕率兵进攻依附晋国的宋国，宋军败阵。于是，晋国的另一个同盟小国卫国，便出兵攻打郑国，而晋厉公也打算出兵伐郑。

郑国人听说晋国要出兵了，赶紧派使者向楚国报告，郑国大夫姚句耳也一起前行。楚共王知道后，决定救援郑国。楚国大将之一的司马子反在率兵前往战场的途中，路过了申地，他特别去拜见楚国大夫申叔时，向他请教楚国这次出兵会有什么样的结果。

申叔时引述《诗经》说："立我烝民，莫匪尔极。"意即，用合乎天道准则的方式来安置百姓，即"德、刑、详、义、礼、信"，四季就不会有灾祸，百姓生活富裕，便会对国家忠心、拼死效力，这是打胜仗的要件。申叔时也继续评论，楚国现在却背其道而行，违背盟约（弭兵之盟）、违反时令而发动战争，百姓岂肯为之效力？简言之，申叔时预测楚国会因为违背天时道理而战败。

姚句耳回到郑国，子驷询问楚国备战状况。姚句耳认为，楚国成军很快，但军队行进险要之地无章法，显然尚未准备好就出兵，郑国恐怕无法信赖楚国了。后来，楚国在鄢陵大败的原因之一，就是姚句耳上述的观察。

历久弥新说名句

"德、刑、详、义、礼、信"，这六个战争手段的重点在于获得"民心",争取百姓对国家的认同与支持。如同《孙膑兵法·月战》中所说:"于天地之间,莫贵于人。"战争一旦展开,除非停战斡旋,否则就必须出兵对抗。而"民心"的归向,就是得胜与否的关键。《黄石公三略》中谈到:"夫为国之道,恃贤与民。信贤如腹心,使民如四肢,则策无遗。"治国的方法要倚赖贤才与百姓,将贤才当作自己的心腹来信任,将百姓视为自己的手足来爱护,那么国家政策便可推广无碍。

清朝在入关之前,多次与明朝交手,方知明朝气数未尽,因此选择在山海关外整装待发。皇太极启用汉人为臣,采取"以汉治汉",并联络蒙古、屡败朝鲜、策反明朝将领,并积极"安民"、收拢民心,实践努尔哈赤所说:"欲伐大木,岂能骤折?必以斤斧伐之,渐至细微,然后能折。"(《满洲实录》)一棵高大的树木难道能够马上一次就砍断吗?一定要用斧头一次又一次地砍伐,直到树干变细,它才会折断。

皇太极过世,到清世祖福临在北京即位,清朝等待明朝内部自行腐败、流寇四窜、百姓民不聊生,方一举伐之,取得天下。

唯圣人能外内无患

名句的诞生

文子[1]曰:"唯圣人能外内无患。自非圣人,外宁[2]必有内忧[3],盍释楚以为外惧乎?"

——成公十六年

完全读懂名句

1. 文子:即士燮,春秋时代晋国的大臣,封地为范,又称范文子。2. 外宁:境外安宁,指国家没有外敌的侵扰。3. 内忧:指国家内部政局、社会不安定。

语译:文子说:"只有圣人统治的国家才能做到境内与境外都没有忧患。如果不是圣人,外部安宁就必定会有国内的忧患,为什么不先放过楚国,让晋国能对外保持警戒呢?"

名句的故事

鲁成公十六年六月，当时晋军准备进攻郑国，郑国急忙向楚国求援，晋、楚两大军队终于在鄢陵会战。

晋国大夫范文子不是很想打这场战，另一晋国大臣却至分析，之前晋国有三次败仗耻辱，一是在韩地之战，晋惠公败给了秦国；二是狄人攻打晋国的箕之役，先轸冲进狄军的阵营中而战死；三是邲之战，有多次胜战纪录的荀伯，也打了败仗。却至认为，范文子如果放弃与楚军对决，那又为晋国增添一次耻辱。

范文子则另有见解，他认为晋国几次出兵打仗都有原因，当时面临的秦、狄、楚都是强国，如果晋国不奋力抵抗，那子孙后代就可能被消灭；而现在真正的敌人应该只有楚国罢了。简单来说，范文子主张要留下一个外在的敌人，时时警惕众人协力、一致对外，否则在没有外敌的情况下，大家就会把精神花在彼此的权力争夺上，晋国的内政必定会开始纷扰。

这场鄢陵之战最后是由战略得宜的晋国获胜。而诚如范文子所担忧，打赢这场战的晋厉公，想借此大展君威、削弱国内卿大夫的势力，因此重用了一些佞臣，为他打击有势力的卿大夫。不料，这些卿大夫很快反扑，不仅杀了佞臣，最后还杀掉晋厉公，晋国内部陷入混乱，对外的霸主地位严重受挫。

历久弥新说名句

唐朝宰相狄仁杰辅佐武则天时，针对朝廷耗费兵力、对外讨伐的事情提出告诫。狄仁杰认为，边塞民族的地域本来就不属于武周，却耗费国用去征讨，只有穷兵黩武的秦始皇和汉武帝，才会用这种方式建立君威。狄仁杰又指出："且王者外宁，容有内危。陛下姑敕边兵谨守备，以逸待劳。"一个真正王者的国家就是境外安宁，可以容许国内政局有些冲突，皇帝姑且下令边境的士兵谨慎防守就好，养精蓄锐，再乘机取胜外敌。（《新唐书·狄仁杰传》）狄仁杰其实在告诫武则天，不要用边境事务来移转朝廷内部该处理的相左意见。

宋朝的李沆是真宗时期的宰相，王旦则为参知政事。当时西北边境有契丹、西夏等外敌侵扰，两人常常忙到很晚，所以王旦很期待能有天下太平、优游无事的时候。李沆反而觉得："少有忧勤，足为警戒。他日四方宁谧，朝廷未必无事。"意即，有一些操劳担忧的事情，可以让人有所警惕，假使天下太平，朝廷内部未必就不会有其他事端。

李沆过世之后，宋真宗认为已经与契丹、西夏讲和了，于是开始大行封禅、祭祀之事，还营造宫殿，又让奸臣得恃，打击异己。王旦这时想要劝诫皇上却已来不及了，他方体会到李沆的远见，非常感叹地说："李文靖（沆）真是圣人啊。"（《宋史·李沆传》）

我以不贪为宝,尔以玉为宝

(襄公元年—襄公三十一年)

称其雠不为谄，立其子不为比，举其偏不为党

名句的诞生

君子谓："祁奚[1]于是能举善矣，称其雠[2]不为谄，立其子不为比[3]，举其偏[4]不为党。《商书》曰：'无偏无党，王道荡荡。'其祁奚之谓矣。"

——襄公三年

完全读懂名句

1. 祁奚：晋中军尉，字黄羊。2. 雠：同"仇"。3. 比：为私利而结合。4. 偏：副手。羊舌职本来是祁奚的副手。

语译：君子说："祁奚能推举贤德之人。举荐他的仇人却不谄媚，推荐他的儿子却不偏私，推举他的副手却不为了结党。《商书》说：'不偏私、不结党，君王之道浩荡无边。'说的正是祁奚啊！"

我以不贪为宝，尔以玉为宝

名句的故事

晋国的中军尉祁奚决定告老退休,晋悼公询问接替人选,没想到祁奚竟举荐他的仇人解狐。当晋悼公要任命解狐时,偏偏解狐过世,晋悼公又问祁奚的意见,祁奚回答:"祁午可以胜任。"这时中军尉之佐羊舌职死了,晋悼公问谁可以替代他?祁奚回答:"我的副手羊舌职之子羊舌赤可以胜任。"晋悼公便让祁午做中军尉,羊舌赤担任副手辅佐。正因如此,君子称颂祁奚"能举善矣,称其雠不为谄,立其子不为比,举其偏不为党"。

以一个官位而成就三件好事,使解狐得到举荐,祁午能被安排,羊舌赤得到官职,这正是由于祁奚能推举贤德之人的缘故啊!故有德君子也举了《诗经》"惟其有之,是以似之"为例,意思指善人正因具有美德,推举的人才能和他相似,盛赞祁奚的贤能。

历久弥新说名句

祁奚向晋悼公举荐人才,是以为大局着想的角度出发,不因个人私仇而不举荐仇人,也不因表达为人清廉而刻意打压自己身边的人,不让亲人任官。唐太宗有句名言"内举不避亲,外举不避仇"正呼应了这个故事。

唐太宗在位时间虽然只有二十三年,并不算长久,但他所开创的贞观之治，却使当时的唐朝形成一个受四方景仰的盛世典范。归根究底，其中一个重要因素，就是唐太宗能知人善任，拔擢品德高尚、能干优秀的人才为官。

虽说唐太宗是透过玄武门之变取得政权，但他在即位后并未把敌人赶尽杀绝，而是听从尉迟敬德的建议，以宽容的态度对待原来太子一派的势力，有才干者便委以重任，总是直谏不讳的魏征便是一个著名的例子。又好比房玄龄、杜如晦，唐太宗用其所长，避其所短，知道他们不善于断案和处理琐碎事务，却善于出谋划策、决议国事，因而任用他们为宰相。至于戴冑则刚好相反，他虽不通经史，遇事却能秉公办理，故让他担任大理寺少卿，负责审理案件。唐太宗"内举不避亲，外举不避仇"，不仅化解许多矛盾，知人善任的结果，也使得一些原本与他为敌的人才，有机会为国家效力。

我以不贪为宝，尔以玉为宝

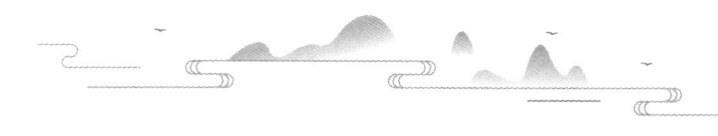

师众以顺为武，军事有死无犯为敬

名句的诞生

臣闻："师众以顺[1]为武[2]，军事有死无犯为敬[3]。"君合诸侯，臣敢不敬？君师不武，执事不敬，罪莫大焉。

——襄公三年

完全读懂名句

1. 顺：服从军纪。2. 武：勇武。3. 军事有死无犯为敬：从事于军旅，宁死而不触犯军纪为恭敬。

语译：臣听说："军队以顺从军纪为勇武，军中管事的人以宁死不触犯军纪为恭敬。"今日国君会合诸侯，臣子执行军法时岂敢不恭敬？国君的军队不勇武，管事的人不恭敬，没有比这再大的罪过了。

名句的故事

晋悼公与鲁、宋、卫、郑、莒、邾、齐等国的代表在鸡泽结盟。正当此时，晋悼公的弟弟扬干突然扰乱军队的行列。中军司马魏绛按军法杀了驾车的马夫。晋悼公觉得面上无光，非常愤怒地对中军尉佐羊舌赤说："会合诸侯是多么光荣的事，扬干却在此时受到侮辱！还有什么比这个侮辱更严重的事？你要代我杀了魏绛！"羊舌赤说："魏绛对您忠心耿耿，他一定会自己前来向您说明，何必急着发布命令呢？"话才说完，魏绛就来了。上呈奏书后便准备拔剑自尽，旁人急忙上前劝阻。

魏绛奏书上自陈侥幸出任司马一职，又引"师众以顺为武，军事有死无犯为敬"，声明自己极为重视这次的盟会，担心若执行军法不彻底，会有损军纪、军容，令国君蒙羞。身为臣子，不能事先训诫全军，却因惧怕犯下不敬的死罪，杀死马夫，连累国君的弟弟扬干，罪责无可饶恕。不敢不服从惩罚而激怒君王，自请死罪。

读了魏绛的奏书后，晋悼公连忙赤脚走出来，对魏绛说："寡人的话，是出于对兄弟的亲爱；大夫的惩罚，是为了执行军法。寡人没能将弟弟教导好，让他犯了军令，这是寡人的过错，不是您的错啊！"于是取消魏绛的罪名，更升魏绛为新军副帅。

我以不贪为宝，尔以玉为宝

历久弥新说名句

军令如山,自古以来带兵首重军纪。春秋末年,齐国人孙武精通兵法,因而受到吴王阖闾赏识。阖闾有意试试他的能力,便说:"您的兵法我都已看过了,能不能训练一批女兵,展现您的练兵才能呢?"孙武答应了,于是阖闾命一百八十位宫中美女出来受训。孙武把宫女分为两队,分别让吴王两个爱妾担任队长,拿着戟站好。三令五申说明规则,然后命人击鼓,开始发号施令。

不料,宫女们不但不从,个个笑弯了腰。看到这种情形,孙武警告两位队长:"士兵不服管束,是队长的罪过。"又详尽解释了一遍演练动作,再次击鼓发出号令。然而,宫女们仍笑成一团。孙武坚持下令将两名队长斩首示众,阖闾大吃一惊,立刻上前制止:"将军您善于用兵,我已经充分体会了!少了这两位美人,我吃任何美食都无法感受到美味,还请您别杀了她们!"孙武严辞拒绝:"将在外,军令有所不受!"仍执法杀了两位队长,令宫女们噤若寒蝉,依令而行。

吴王阖闾求情不成,失去两位美人,却也因为能肯定孙武的能力,得到了一位用兵如神的将领,使吴国得以壮大声势,俨然成为一方霸主。

过而不悛，亡之本也

名句的诞生

穆叔曰："孙子必亡。为臣而君，过而不悛[1]，亡之本也。《诗》曰：'退食自公，委蛇委蛇[2]。'谓从者也。衡[3]而委蛇，必折。"

——襄公七年

完全读懂名句

1. 悛：悔改。2. 委蛇：从容不迫的样子。3. 衡：通"横"，专横。

语译：穆叔说："孙文子必定会灭亡。身为臣子而与国君并肩而行，犯了错却不知悔改，这是灭亡的根本原因。《诗经》说：'退朝回家用餐，从容自得。'说的是那些谨慎顺从国君的人。专横而又满不在乎的人，必定遭至毁灭。"

名句的故事

聘问是春秋时期国与国邦交活动中重要的礼仪。按照周代礼制规定,"诸侯之于天子也,比年一小聘,三年一大聘,五年一朝。"诸侯国君要定期朝见周天子,报告国内政绩并上贡。诸侯朝见天子有三种形式:每年小聘称"问",通常派大夫前往;规模大些的三年大聘,派卿为使者;每隔五年诸侯亲自朝见天子称"朝"。虽然春秋时礼崩乐坏,诸侯朝见周天子已不多见,但列国之间的聘问仍频繁,崇礼思想也体现在《左传》里,本篇名句便记叙卫国大夫孙文子为人无礼的事。

孙文子前来鲁国聘问,然而行聘礼时,鲁襄公登上殿阶一级,孙文子也同时登上一级,与国君并肩而上。根据《仪礼·聘礼》,应是国君先登两级,然后贵宾登一级,臣子在国君之后,且有一级的距离才合礼。

当时鲁卿叔孙穆子负责主持仪式,见状告诫孙文子:"诸侯会面时,我们鲁国国君从来没有走在贵国国君之后。现在您不走在我们国君之后,不知我们国君犯了什么错?还请您稍停一步!"孙文子无话可说,但也没面露惭色、有心悔改。穆叔因此提出"过而不悛,亡之本也",认为失礼的孙文子必会自取灭亡。

之后,有一回卫献公宴请孙文子与宁惠子,却让两人空等到夕阳西下,兀自在园林里射雁取乐。两人不堪受辱,推翻卫献公另立殇公。后来双方为夺权反目成仇,孙文子两个儿子都死于宁惠子之手，宁惠子被复位的卫献公所杀，孙文子只能叛逃到晋国寻求庇护。

历久弥新说名句

　　《史记·商君列传》记载，秦孝公希望重振秦穆公时代霸业，下令选拔全国贤人。商鞅通过宠臣景监引荐，得到晋见的机会。第一次晋见时，商鞅大谈五帝之道，秦孝公听得直打呵欠。五天后，景监再请求秦孝公召见商鞅。这次商鞅对三王之道侃侃而谈，秦孝公虽没打呵欠，仍颇有微辞。第三次召见，商鞅以五霸之道劝说，结果秦孝公与他相谈甚欢，听到入迷处，不自觉愈走愈近，直到席前。

　　事后，景监不禁好奇地问商鞅，为何这次能令国君大为赞赏？商鞅回答，我以五帝、三王之道去说服国君，期盼国君能建立夏、商、周那样的盛世，但国君觉得时间太长。于是我改采富国强兵的策略，国君听了非常高兴。但如此一来，秦国的霸业势必无法与殷、周的德行相媲美了。秦国治国不以礼为本，采取严刑峻法、高压统治的捷径，使百姓生活苦不堪言，日后的统一霸业终究如昙花一现。

思则有备，有备无患

名句的诞生

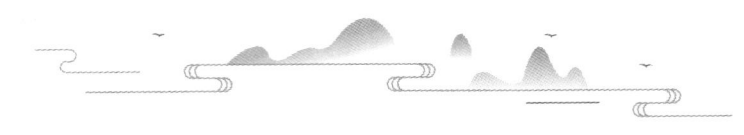

《书》[1]曰："居安思危。"思则有备，有备无患。

——襄公十一年

完全读懂名句

1. 《书》：即《尚书》，为上古王朝官文书汇编。此引"居安思危"句为《尚书》佚文。佚文，指散佚的文章或文字。

语译：《书经》上说："处在安乐的环境，要想到危险可能随时出现。"把问题思虑清楚，事先做好防备，才能避免灾祸的到来。

名句的故事

春秋时期的郑国，长期受到晋、楚两大国威胁，有时与晋友好，有时与楚结盟，这种两面讨好的手法，反而成了晋、楚两国攻打郑国的借口。

晋悼公十一年，晋国联合鲁、卫、曹、齐等国讨伐郑国，郑国赶紧派人到晋国讲和，晋悼公答应了郑国的求和，其他国家也同时退兵。不久，郑国送来许多乐师、歌女、乐器和兵车，作为报答晋悼公的厚礼。

晋悼公能成为众多诸侯的领袖，实要归功于一位名叫魏绛的臣子。魏绛先前提出了与西北少数民族戎狄和平共处的策略，避免战事分散晋国的军备实力，晋悼公采纳魏绛的建议，专心治理国内政事，晋国从此日益壮大。

晋悼公将郑国所赠礼物一半赐予魏绛，并对他说："寡人能与戎狄和睦相处，且在八年之中，九次会合诸侯，这些功绩如同音乐般和谐，所以想与你一起分享。"魏绛辞谢说："能与戎狄和好，是晋国的福气；八年之中，九次邀约诸侯相会，是大王的英明与众臣的努力，我个人哪有功劳呢？只希望大王在享乐时，可以想到国家以后的事情。《书》上说：'居安思危。'在安乐的时候，要想到可能出现的危险。把问题思虑清楚，有所防备，就能避免祸害。我斗胆用这些话来劝大王。"

晋悼公回说："你的教导寡人怎敢不听从？要是没有你，寡人无法用正确的对策接纳戎人，也不可能渡过黄河使郑国服从。不过，赏赐臣子礼物是国家的法令制度，这种记载藏在盟府（保存盟约文书的官府）里，是不可以废除的，所以请你还是收下吧！"魏绛听到晋悼公这样说才接受下来。

历久弥新说名句

"有备无患"一词语出《书经·说命》,文中记载殷高宗武丁在梦中发现一位优秀的宰辅大臣,醒来后命人将梦里人物的形象描摹成图,要求全国百官按图寻找,终于在傅岩(今山西平陆县东)找到正在建版筑(筑土成墙)的工人傅说,其样貌和画中人完全一样,武丁立刻举其为相。

傅说一接受任命,便告诫武丁:"有其善,丧厥善;矜其能,丧厥功。惟事事,乃其有备,有备无患。"意指,自己以为有善,而人不以为是善,反而丧失自己的善行;自己夸耀才能,而人不以为是才能,反而丧失自己的功劳。从事每一件事,都要有所准备,有了充分准备就没有后患。武丁自从得到傅说的辅助,修政行德,励精图治,将殷王朝推向富足强盛。

古来圣贤多有强烈的忧患意识,由魏绛与傅说的谏言,足见前人对防患于未然的重视。

让，礼之主也

名句的诞生

让，礼之主也。范宣子[1]让，其下皆让。栾黡[2]为汰[3]，弗敢违也。晋国以平[4]，数世赖之，刑[5]善也夫。一人刑善，百姓休和[6]，可不务[7]乎？

——襄公十三年

完全读懂名句

1. 范宣子：晋国中军副帅士（匄），因封邑在范，又称范匄。2. 栾黡：晋国下军主帅。3. 汰：骄奢专横。4. 平：平和团结。5. 刑：效法、取法。6. 百姓休和：百官和睦。7. 务：专心致力。

语译：谦让是礼的主体，范宣子能谦让，他的下属也因此谦让，连专横的栾黡也不敢违背。晋国上下因而团结，几世都赖以得利，这是由于取法善行的缘故啊！一人取法善行，使百官协调和美，怎么能不致力于取法善行呢？"

名句的故事

晋国中军主帅荀罃去世了，但对军队训练不可能就此停止，晋悼公便想将中军副帅范宣子扶正，直接递补主帅，率领中军。范宣子却推辞说："上军主帅荀偃比臣年长，更有资格担任中军主帅。过去臣和荀罃相互了解、密切合作，才担任副帅辅佐他，并不是因为臣特别有才能啊！请您让荀偃任中军统帅，臣愿意追随他。"

之后晋悼公又想让上军副帅韩起率领上军，韩起也推辞，认为新军统帅赵武更适合。在晋国四军——中军、上军、下军、新军的各统帅和副帅中，赵武位在第七，一下让他升至第三似乎不妥，于是晋悼公便命下军统帅栾黡来率领上军，不料栾黡也谦让地说："臣不如韩起，韩起都愿意让赵武的军阶位在他之上了，您还是接纳韩起的建议吧！"晋悼公这才让赵武率领上军，由韩起辅佐他，栾黡的职位不变。晋国社会因而安定和谐，各诸侯国也愿意顺服于晋。

可见得在上位者能崇尚贤能并对下位者谦让，下位者必然会尽忠职守，上下有礼，国家自然安定。反之，如果人人都争着夸耀自己的功劳更胜他人，国家容易因无礼而发生动乱，最后走向衰败。

历久弥新说名句

　　谦让的态度是消弭纷争的最佳要素。孔子曾说："君子无所争，必也射乎！揖攘而升，下而饮，其争也君子。"认为君子没有什么事需要相互竞争，真要举例的话，大概也只有比赛射箭的时候了。但参赛者仍会相互拱手作揖以示敬意，才会登堂比射，再相互行礼退下，并举杯对饮祝贺。这样的竞争便是有风度的君子之争。

　　传说清朝雍正年间，张廷玉担任宰相时，身处故乡安徽桐城的家人为了修建宅邸，和邻居互争一道窄巷起了纠纷。老夫人随即修书一封，要儿子帮忙撑腰。张廷玉回了一首诗："千里修书只为墙，让他三尺又何妨？长城万里今犹在，不见当年秦始皇。"家人看了十分惭愧，主动将墙退了三尺。邻居原本看不惯张家人作威作福，才提出诉讼，得知张廷玉如此通情达理，也马上将墙退了三尺，从此两家相安无事，还留下人人能行的六尺巷道。

我以不贪为宝，尔以玉为宝

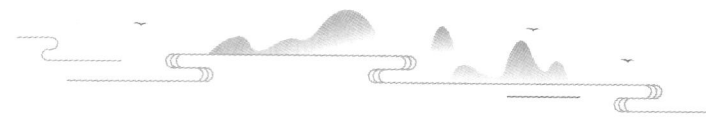

我以不贪为宝，尔以玉为宝

名句的诞生

宋人或¹得玉，献诸子罕²。子罕弗受。献玉者曰："以示玉人³，玉人以为宝也，故敢献之。"子罕曰："我以不贪为宝⁴，尔以玉为宝。若以与我，皆丧宝也，不若人有其宝。"

——襄公十五年

完全读懂名句

1. 或：代名词，某一个人，有一个人。2. 子罕：姓乐（乐），名喜，字子罕。春秋时宋国贵族，为执掌宋国国政的司城。3. 玉人：会雕琢玉器的玉工。4. 不贪为宝：以不贪为可贵之宝，可见其人的廉洁。

语译：宋国有个人得到了一块璞玉，将它献给子罕，子罕不愿接受。献玉的人说："我曾将玉拿给玉工鉴定，玉工说它是一块宝玉，所以我才敢献给您。"子罕说："我认为'不贪'就是宝,而你认为这块玉是宝。如果你把这块璞玉给了我,你将失去这个宝;如果我收下了这块玉,也失去了'不贪'这个宝,那么我们都将丧失自己的宝物,如此还不如我们各自保有它。"

名句的故事

执掌宋国国政的子罕为政清廉,因此颇得宋国人好评。一日,有人向子罕献玉,子罕提出"不贪为宝"这个理由,婉拒了献礼。献玉的人不得已,只好坦诚相告:"事实上,我带着这块玉,到哪里都不安全,希望您愿意收下它,以使我免除杀身之祸。"听了这段话,子罕并没有就此将玉占为己有,而是先安置好献玉者,并请玉工雕琢这块璞玉,待事成后,将玉卖出,再将所得全数交给献玉者,让他成了富翁,最后还送他返回乡里。

在这短短的故事中,透过简洁的叙事与对话,既生动又传神地将子罕和献玉者二人的地位、心理和性格表现出来。

首先献玉者表明自己在献玉前即已先请玉工鉴定过了,于是才"敢"献之,充分传达出小老百姓对上位为官者的谨慎、谦卑。与一般高高在上的达官贵人不同,子罕没有以鄙视的口吻严词拒绝,也没有自命清高地教训献玉者,而是心平气和地点出表达彼此价值观的不同。既不贬损献玉者,也明确表达自己看重的并非物质上的富有,而是品格的高尚。

历久弥新说名句

人若不知足，则欲望无穷。贪婪的心永无满足，便也令人渐渐沉沦。明朝洪应明在《菜根谭》一书中有言："一念贪私，万劫不复。人只一念贪私，便销刚为柔，塞智为昏，变恩为惨，染洁为污，坏了一生人品。故古人以不贪为宝，所以度越一世。"说明人只要贪念、私心一起，无欲则刚的坚毅之气就会顿时化为乌有，不仅使原本具有的智慧变得滞塞，对人的恩德之心也转为残酷刻薄，高洁的品德为污点所染，人品因此遭受破坏，故言："一念贪私，万劫不复。"

一般人有个坏习惯，得到了便不觉珍贵，眼睛总看着自己没有的东西。子罕的可贵就在于他能以不贪为宝。这也如《淮南子·道应训》所写的春秋时鲁国国相公孙休。公孙休生平最爱吃鱼，为官后，许多人得知他的喜好，常常送他鱼，他却一概不收。别人问："你这么爱吃鱼，为何不收下呢？"公孙休回答："正因为我爱吃鱼，所以才不能收。如果我徇私受贿，可能因此被免职。到那时，没有了俸禄，就算爱吃鱼，我也买不起了。"

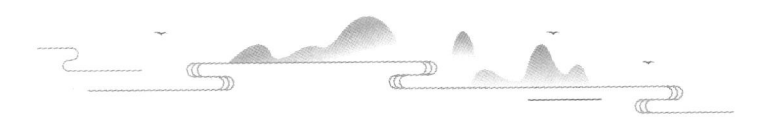

夫上之所为，民之归也

名句的诞生

夫上之所为，民之归[1]也。上所不为，而民或为之，是以加刑罚焉，而莫敢不惩[2]。若上之所为，而民亦为之，乃其所也，又可禁乎？

——襄公二十一年

完全读懂名句

1. 归：依归。2. 惩：警戒。

语译：上面人物的所作所为，是百姓的依归。上面所不允许做的，百姓有人做了，因而加以惩罚，没有人敢不警戒。如果上面的所作所为，百姓也跟着做了，那是他们诱导的结果，又如何能禁止得了？

名句的故事

邾国是个介于齐国与鲁国之间的诸侯国,鲁襄公时,由于齐国掀起战争,鲁国不是忙于征战,就是忙于与其他诸侯国订下盟约,一同对抗齐国。邾国屡次趁人之危,出兵侵略鲁国。鲁国忍无可忍,终于在鲁襄公二十年的秋天率军攻打邾国作为报复。

隔年,邾国大夫庶其叛逃,将自己的两个封邑献给鲁国寻求庇护。主持鲁国国政的季武子对他十分礼遇,甚至把鲁襄公的姑姑嫁给他,随从也得到不少赏赐。从此以后,鲁国的盗贼就多了起来。头痛的季武子忍不住向担任司寇、负责治安的臧武仲抱怨:"盗贼猖獗,你为什么不好好惩治!"臧武仲回答:"盗贼难以禁绝,我没能力铲除他们。"这样的回答当然引起季武子的不满:"这是你的分内之事,怎会没能力惩治!"

逮到机会的臧武仲于是说:"庶其偷了邾国的城邑到我国,您不但接纳他,还这么礼遇他们,不异于召来外面的盗贼还加以款待,这样国内的盗贼怎么可能会禁绝?不论是许婚、赠予土地,您都是在赏赐盗贼。您礼遇盗贼,又要我除去他们,这样当然很难办到了!"

《论语》有云:"举枉错诸直,则民不服。"若不是季武子优待庶其,立下不好的榜样,国内也不会出现盗贼四起的局面。也难怪臧武仲要以"夫上之所为,民之归也"提醒季武子,在上位者的一言一行都对百姓造成影响,若无法使自己的思想、言行合于法度，让人信服，怎么能管理一方百姓呢？

历久弥新说名句

在上位的人怎么做，下面的人多半会起而效法，实不可不慎。汉代刘向在《说苑·君道》里，曾载录这么一则故事：齐景公有一回设宴招待朝中大臣，宴席结束后，众人到广场上射箭遣兴。每当齐景公射出一箭，即使没有射中箭靶，群臣仍然大声喝采："好箭！好箭！""国君箭法如神！"

听了这些称赞，齐景公毫无喜色，反而叹了口气，对大臣弦章说："自从寡人失去晏子后，已经有十七年没有听过谏言了啊！"弦章回答："不敢批评君王的过错，这是臣子不贤啊！不过为臣听说，国君喜欢吃什么、穿什么，臣下也就跟着喜欢吃什么、穿什么，如同一种叫尺蠖的小虫子，吃了黄色的东西，它的身体就变成黄色；吃了蓝色的东西，它的身体就又变成蓝色。如果国君只喜欢旁人奉承，群臣自然也就只会谄媚国君，不会向国君进谏了！"听了弦章一席话，齐景公恍然大悟，感激地说："您说的是！听您一席话，我应该要向您好好学习了！"

大美国学 左传

美疢不如恶石，夫石犹生我，疢之美其毒滋多

名句的诞生

臧孙[1]曰："季孙[2]之爱我，疢疾[3]也；孟孙[4]之恶我，药石也。美疢不如恶石，夫石犹生我，疢之美其毒滋多。孟孙死，吾亡无日矣！"

——襄公二十三年

完全读懂名句

1. 臧孙：即鲁国大夫臧纥，字武仲。2. 季孙：即鲁国正卿季武子，执掌鲁国大权。3. 疢：疾病。4. 孟孙：即鲁国卿大夫孟庄子，又称仲孙速。

语译：臧孙说："季武子喜爱我，如同没有痛苦的疾病；孟庄子讨厌我，如同治疗疾病的药石。没有痛苦的疾病不如使人痛苦的药石。药石还能让我活下去，没有痛苦的疾病毒害更深。现

在孟庄子死了,我的灭亡之日也就不远了。"

名句的故事

臧孙被孟庄子厌恶,却受到季武子的喜爱。襄公二十三年,孟庄子病逝,臧孙前去吊唁,一进门竟泪流不止,极其哀痛。为他驾车的马夫不解,问他:"孟庄子这么讨厌您,他过世您却如此哀伤,若是和您友好的季武子过世,您要悲伤成什么样子呢?"臧孙将与季孙、孟孙的关系巧妙地比喻为疾疢、药石,不但指出"美疢不如恶石",也哀叹自己灭亡之日不远。臧孙灭亡之祸从何而来?正是因介入了季武子的家务事。

季武子没有嫡子,但偏爱年幼的悼子,认为悼子比年长的公鉏更有才能。一日,季武子向臧孙请教立长还是立有才者的问题。臧孙听了,说:"这好办,你请我喝酒,我便帮你立悼子为继承人。"季武子于是宴请众大夫,并将臧孙奉为上宾。酒席间,臧孙命人在北面特别设了一个位子,又多铺了层席子,放上干净的新酒杯,才亲自走下台阶迎悼子入座。大夫们见状,都站起来以示恭敬。此后才请公鉏进来,还让他依年龄顺序入座,摆明把他当成庶子,而把悼子当成继承人。这一连串举动,连季武子都认为做得太过分,脸色大变。虽然他随即任命公鉏担任马正,管理封邑的军政,但此事仍使公鉏耿耿于怀,对臧孙怀恨在心。

果然如臧孙所言,孟庄子死后,公鉏见机不可失,便展开复仇计划。他勾结孟孙氏的车马官丰点,改立庶子羯为孟孙氏的继承人，又让孟孙氏私下对季武子告状，说臧孙打算犯上作乱。这年冬天，孟孙氏准备开掘墓道，向臧孙借用役夫。为防孟孙羯偷袭，臧孙带着身穿装甲的士兵随自己前去视察。此举终于使季武子相信孟孙氏的诬告，下令攻打臧孙氏，臧孙只能仓皇出逃到邾国。

历久弥新说名句

"美疢不如恶石"是一种逆向思维，认为赞美、好听的话，只是让人头脑发昏，没有察觉滋生其中的毒害；反之，批评者的话语虽然尖锐不堪，却宛如良药使人药到病除。

《史记·留侯世家》记载，刘邦大败秦军，进入秦宫殿后，见满屋的稀世珍宝，不禁沉迷，想住在皇宫里恣意享受。樊哙直言相劝，但刘邦不愿听从。张良便上前说："秦朝就是因为奢华暴虐，所以您才能打到这里来。代百姓铲除暴政，该以节俭朴素为本，可是您今天刚进秦宫，就开始想着享乐，这样我们协助您打天下，不就和助纣为虐没什么差别吗？"刘邦才回到灞水之滨扎营。"忠言逆耳利于行，良药苦口利于病。"张良的话刺耳，却帮助刘邦抗拒眼前的诱惑，最终完成大业。

大上有立德，
其次有立功，其次有立言

名句的诞生

豹[1]闻之，"大上[2]有立德，其次有立功，其次有立言"，虽久不废，此之谓三不朽。

——襄公二十四年

完全读懂名句

1. 豹：鲁卿叔孙豹，亦称穆叔。2. 大上：最高。

语译：豹听说："最高的是树立德行，其次是建功立业，再其次是著言立说。"能做到这样，虽然人死了很久，也不会被废弃，这叫作三不朽。

名句的故事

襄公二十四年，穆叔出使到晋国，晋国大臣范宣子到郊外迎

我以不贪为宝，尔以玉为宝

接他，向他请教"死而不朽"的意思。穆叔没有回答。范宣子说："从前我的祖先，在虞舜以前是陶唐氏，在夏朝是御龙氏，在商朝是豕韦氏，在周朝是唐杜氏，在晋国时则是我们范氏为国君主持盟会。能自三代绵延至今，所谓的不朽大概就是这个意思吧！"

穆叔则反驳："我曾听过'大上有立德，其次有立功，其次有立言'的说法，这指立德、立功、立言能让人自身的意义和价值永垂青史，备受景仰。鲁国过去有一位名叫臧文仲的大夫，虽然已身死，但他的言论经过这六十八年来仍世代相传。所谓不朽，说的应该是这个意思吧！至于您所说的保存姓氏守住宗庙，世代不断绝祭祀，这是世禄相传，没有一个国家没有这种情况的，称不上不朽。"

对于三不朽，唐人孔颖达在《春秋左传正义》里说："立德谓创制垂法，博施济众；立功谓拯厄除难，功济于时；立言谓言得其要，理足可传。"中国古代历史上能同时兼有立德、立功、立言之人不多，以"成一家之言"期许自己的司马迁，不过立言而已；就连言为经纶、语为世法的孔子都还不能算。孔子立德、立言，却欠缺立功的机会，若真能如孔子所言，"苟有用我者，期月而已可也，三年有成。"相信孔子是一定能立功的。

历久弥新说名句

"立德、立功、立言"三不朽，向来是中国古代知识分子追求的理想境界。但试想一个人必须先有高度的人格涵养且文武双全，才有可能同时在道德品行、汗马功劳与著书立说上有所成就。毕竟人非完人，能在某一方面取得重大成就者，都已是出类拔萃的人才。

曾有副对联以"立德立功立言三不朽，为师为将为相一完人"概括曾国藩的一生。曾国藩是晚清创立湘军、平定太平之乱的功臣。他出任湖南团练大臣，募勇成军，认为将领的选任是决定一支军队是否具备战斗力的至要关键，于是将"忠义血性"放在首位，其次是"廉明为用，简默朴实，智略才识，坚韧耐劳"，并力图改变过去"兵不如匪"的形象，重视军队的义理教育。

有别于一般士大夫只能舞文弄墨，曾国藩允文允武，其著作《曾文正公全集》备受推崇，因此梁启超称其立德、立功、立言三不朽。而从曾国藩评论自己的学生："李少荃（李鸿章）拼命做官，俞荫甫（俞樾）拼命著书。"或许也能看见曾国藩对于三不朽理想成功境界的思考。

我以不贪为宝，尔以玉为宝

不言,谁知其志?
言之无文,行而不远

名句的诞生

仲尼曰:"志有之:'言¹以足志²,文³以足言。'不言,谁知其志?言之无文,行而不远⁴。晋为伯⁵,郑入陈,非文辞不为功。慎辞哉!"

——襄公二十五年

完全读懂名句

1. 言:言辞。2. 志:心意。3. 文:文采。4. 远:播达远方。5. 伯:霸主,诸侯之长。

语译:孔子说:"古书上有这样的话:'言辞用来表达心意,文采用来润饰言辞。'不说话,谁知道他的心意?言语没有文采,就不能播达远方。晋国成为霸主,郑国攻入陈国,如果不是善于辞令就不能成功。要谨慎地使用文辞啊!"

名句的故事

　　襄公二十五年，郑国的子产向晋国进献伐陈的战利品，却穿着军服处理事情。晋国大夫士庄伯质疑郑国无故伐陈。子产表示："陈桓公死后发生动乱，期间一直是我郑国相助陈国立新君，到夏氏作乱杀死了陈灵公，陈成公流离失所，又是我国让他回国即位。现在陈国忘却周朝的大德，丢弃我郑国的大恩，屡次倚仗楚国欺凌我国。我国于去年请求攻打陈国，不但没有获得贵国允许，反而遭陈国攻打，而有东门之役。如今我国伐陈，陈国知道自己有罪，向我国投降，因此我们敢向贵国进献伐陈之功。"

　　晋国大夫再度质问郑国为何侵犯小国。子产说："先王命令，只要有罪，就要分别惩罚。从前天子土地约方圆一千里，诸侯国土方圆一百里。现在大国的土地多达方圆数千里，如果不是讨伐小国，怎能有这么多土地呢？"

　　晋国人又质问子产为何穿着军服前来进献。子产回答："城濮之役后，晋文公命令我国郑文公穿着军服辅佐周天子，把楚军战俘进献天子。我之所以穿上军服来献俘虏，正是因不敢废弃命令。"晋国于是接受了郑国的进献。孔子听了这件事，赞美说："不言，谁知其志？言之无文，行而不远。"说明了谨慎使用文辞的重要。

历久弥新说名句

孔子于此发挥了古书中"言以足志,文以足言"之语,说明"不言,谁知其志?言之无文,行而不远"的道理。其实孔子向来十分重视言辞与文采须相辅相成的重要性。孔子在《论语·雍也》曾说:"质胜文则野,文胜质则史。文质彬彬,然后君子。"意思是说,一个人如果实质胜过文采,会显得粗鄙;文采胜过实质则显得浮华。应该实质与文采并重,内心蕴含的修养与外在表现的礼仪相符,才称得上一个真正的君子。而"文质彬彬"后来被用来形容人举止温文尔雅,亦作"彬彬文质"。

孔子理想中的君子乃"文质彬彬",但这并非只是个人修养的小事,而是关系到晋国成为霸主、郑国攻打陈国的国家大事,孔子认为如果不是善于辞令就不能成功,故要人谨慎地使用文辞。以本故事中子产向晋国进献伐陈的战利品为例,子产正是善于外交辞令,才能让晋国大夫无法质问下去,晋国也因为子产言辞顺理成章,于是接受了郑国的战利品,使得后来郑国能再次伐陈,逼使它讲和。

> 弈者举棋不定,不胜其耦,
> 而况置君而弗定乎?

名句的诞生

大叔文子[1]闻之,曰:"弈[2]者举棋不定,不胜其耦[3],而况置君而弗定乎?必不免矣。"

——襄公二十五年

完全读懂名句

1. 大叔文子:卫国大夫太叔仪,谥文子。2. 弈:下棋。3. 耦:此处指下棋的对手。

语译:太叔文子知道此事后就说:"下棋的人执起棋子却迟迟无法下决定,就不能胜过他的对手。更何况立国君的事,怎能举棋不定呢?他必定不能免于祸难了。"

我以不贪为宝,尔以玉为宝

名句的故事

九年前，卫献公因无道奔齐，后于鲁襄公二十五年派人拜访卫国公卿宁喜，商议复国为君之事。宁喜已事奉卫殇公，却仍然答应协助卫献公复国。

留守卫国的卫国大夫大叔文子知道此事后说："《诗经》所谓'我躬不说，皇（遑）恤我后'，我自身还不被接纳，哪里来得及顾念我的后代？宁子实在没有为他的后代想过啊！君子做事要考虑到后果与可行性。《书》说：'慎始而敬终，终以不困。'事情开头就要慎重，不可怠慢，一直审慎恭敬地直到结束，结果就不会令人困惑。《诗经》说："夙夜匪懈，以事一人"，事奉国君应从早到晚，不敢有分毫懈怠。现在宁喜把事君的大事看得不如下棋谨慎，举棋不定，怎能免于遭祸呢？

卫献公重返卫国后，果然动乱再起。宁喜全族就如大叔文子所预言的，遭到诛灭。成语"举棋不定"即出于"弈者举棋不定，不胜其耦"一句，用来比喻做事优柔寡断、犹豫不决。

历久弥新说名句

伊索寓言里也有一个遇事举棋不定、优柔寡断的故事。

话说父子二人有天赶着一头驴子到市集去，沿途听到人家说："看那两个傻瓜，放着好好的驴子不骑，却自己牵着驴走路。"父亲觉得别人说得言之有理,便叫儿子骑驴。过了一会儿,又遇到另一群人说:"看那骑着驴子的年轻人,一点也不知道要孝顺父母长辈,竟然让老人家牵着驴。"父亲听了深有同感,于是叫儿子下来,自己骑驴。过不久又听到人家说:"你怎么好意思自己骑驴享福,让孩子一旁辛苦?"于是父亲又叫儿子上来一同骑驴前行。但后来,又遇到一些人批评说:"看那两个人骑着驴子,快将可怜的驴子压垮了!"父亲和儿子听到后深怕驴子太辛苦了,于是决定绑着驴子的四足,像扛猪一般倒挂在扁担上抬着走,当父子两人累得上气不接下气,抬着驴子来到市集附近的一座桥,过桥时驴受不了挣脱了束缚,最后坠入河中。

人生在世,难免会遇到很多必须决定的时刻,若无法看清自己的目标,择善固执,那么,我们很容易就会成为举棋不定的宁喜或是骑驴父子,从这则西方寓言的呼应,我们可以看到古今中外皆同的人生哲理。

我以不贪为宝,尔以玉为宝

大美国学 左传

天生五材，民并用之，
废一不可，谁能去兵？

名句的诞生

天生五材[1]，民并用之，废一不可，谁能去兵[2]？兵之设久矣，所以威不轨而昭文德也。

——襄公二十七年

完全读懂名句

1. 五材：指金、木、水、火、土五种物质。2. 去兵：废除军备。

语译：上天生成金、木、水、火、土五种物质。人民每样都用得着，废掉任何一种都不行。谁能够废除军事武力？军事武力的设置已经很久了，这是用来威慑不轨的行为，并彰显文德的。

名句的故事

宋国大夫向戌分别和晋国执政大臣赵武与楚国令尹子木交好，因而想要停止诸侯之间的战争以增加个人的威望。于是，十四个诸侯国的大夫到宋国西门之外结盟，史称"向戌弭兵"。这是继鲁成公十二年"华元弭兵"之后的第二次弭兵大会。其结果是晋国与楚国暂时取得和解，但这并不能彻底结束战事。

向戌为此向宋平公请求赏赐城邑，宋公赐他六十个城邑，把封赏的简册拿给子罕看。子罕对此不以为然。他认为，晋国、楚国都用武力来威慑诸侯小国，使他们心生畏惧而后上下慈爱和睦，慈爱和睦然后才能安定他们的国家以事奉大国，这是他们得以生存的原因。少了威慑就要骄横，骄横了就要发生祸乱，发生祸乱就必定遭致灭亡。子罕又说："天生五材，民并用之，废一不可，谁能去兵？兵之设久矣，所以威不轨而昭文德也。"圣人凭借武力兴起，作乱者也要用武力除去。无论兴废存亡、糊涂或英明的策略，都是从武力而来的。向戌声称能去除武力，这岂不形同欺骗！蒙蔽已经犯了很大的罪过，而今竟又求取赏赐，实在贪得无厌到了极点。这当头棒喝点醒了向戌，于是推辞不受封邑。

历久弥新说名句

　　子罕认为武力是必要之恶,"向戌弭兵"形同骗术,无法真正解决既有问题。《吕氏春秋·孟秋纪·荡兵》亦指出:"家无怒笞,则竖子婴儿之有过也立见;国无刑罚,则百姓之悟相侵也立见;天下无诛伐,则诸侯之相暴也立见。故怒笞不可偃于家,刑罚不可偃于国,诛伐不可偃于天下,有巧有拙而已矣。故古之圣王有义兵,而无有偃兵。"意思是说,父母如果从来不鞭打小孩,便无法禁止孩子的叛逆顽劣;国家如果没有刑罚,便无法禁止百姓彼此之间的冲突;天子如果不进行诛戮征伐,便无法禁止诸侯之间的争夺杀戮。因此,一些必要的惩罚不应该废除,只是使用上必须极有技巧。此理与用兵之道相同,圣明的君王应当拥有能够除暴安良的兵力,而非完全撤除兵力。

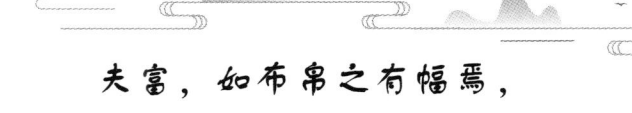

> 夫富，如布帛之有幅焉，
> 为之制度，使无迁也

名句的诞生

（晏子）对曰："不受邶殿[1]，非恶富也，恐失富也。且夫富，如布帛之有幅[2]焉，为之制度，使无迁[3]也。"

——襄公二十八年

完全读懂名句

1. 邶殿：齐国的大邑，约在今山东省昌邑市西。2. 幅：布帛的宽度。3. 迁：改变。

语译：晏子说："不接受邶殿，不是厌恶富有，而是害怕失去它。富有就像布帛要有一定宽度，需要规定好它的幅度，让它不能改变。"

名句的故事

鲁襄公十九年，齐灵公死后，齐国大夫崔杼与庆封拥立公子光为齐庄公，庄公即位后立刻杀死太子牙，公子们为求保命各自展开逃亡。之后，崔杼与庆封又联手诛弑齐庄公，改立齐灵公的幼子杵臼为君，即齐景公。崔杼自立为右相，庆封为左相，两人专横妄为，把持朝政。后来庆封又借机灭了崔氏而当国，终日沉迷酒色。眼见国政败坏，齐景公三年，景公的叔叔子雅、子尾与鲍家、田家合谋攻打庆氏，庆封出逃奔往吴国。数年后，楚国率诸侯联军伐吴，歼灭了庆封一族。庆氏的势力被铲除后，齐景公准备将庆氏的封地分封出去，大夫晏子却推辞了要封给他的六十个城邑。

齐景公的从叔子尾不解地问晏子："富有，是人人梦寐以求的。为什么独独您不要？"晏子回答："庆氏的城邑满足了他的欲求，以致逃亡在外。我的城邑不能满足我的欲求，但如果加上邶殿，那就真的满足了。一旦如此，我离逃亡的日子也不远了。若果真逃亡在外，恐怕连一个城邑都无法主宰。"

晏子认为，一般百姓总希望生活富足，端正他们的德行是必要的，百姓的生活不要匮乏，但也不可奢侈，这就是限制私利。个人私利倘若过了头，就会出现败坏；而不贪多，正是限制私利的表现。后来齐景公赐封邑给公子们，唯独子尾听进晏子的话，接受了又全部奉还，齐景公认为子尾忠诚，特别宠信他。

历久弥新说名句

　　凡是人难免有欲望，但应"欲而不贪"（《论语·尧曰》），懂得节制，否则很容易招来罪祸。《史记·留侯世家》记载，汉高祖刘邦曾分析自己为何胜、项羽为何败，原因在于他能重用比自己优秀的人才，如张良、萧何、韩信等。他如此称赞张良："夫运筹策帷帐之中，决胜于千里之外，吾不如子房（张良字）。"他让张良从齐国选择三万户作封邑，张良却回答："上天把我交给陛下，陛下采用我的计谋，所幸经常生效，我只愿受封留县就足够了，不敢接受三万户。"入关后张良因体弱多病，开始修炼道家不食五谷的成仙之术，闭关一年多。

　　之后，吕后为保住太子刘盈的地位，找张良献计。计成后，张良说："我家世代为韩相，韩国遭秦国灭亡，我不惜万金家财要找秦国报仇，震动天下。如今我凭三寸不烂之舌以布衣而为帝王师，封邑万户、位居列侯，这对一介平民而言已是至高无上的荣誉，我此生已了无遗憾。现在我愿意放弃世间的荣华富贵，跟随赤松子修炼得道成仙。"于是他继续习"辟谷之术"，八年后过世。张良的性格，使他得以全身而退，和当年越国的范蠡一样，免去"兔死狗烹"、"鸟尽弓藏"的命运。

五声和，八风平，节有度，
守有序，盛德之所同也

名句的诞生

为之歌《颂》，曰："五声¹和，八风²平，节有度，守有序，盛德之所同也。"

——襄公二十九年

完全读懂名句

1. 五声：指宫、商、角、徵、羽。2. 八风：就是指八音，由金、石、丝、竹、匏、土、革、木等八种不同材料所做出的乐器，而发出的声音。

语译：乐工为季札歌唱《颂》，他称赞说："五个声韵音阶非常和谐，八种和声的乐器相当协调；节奏有规则，乐器配合先后有序。这是拥有伟大德行的人共有的规格呀！"

名句的故事

本篇故事的主角是季札,春秋时期吴国的公子,在当世以品德高尚著称,且是一个具有远见卓识的外交家。这一次,吴国派遣季札出使鲁国。季札到了鲁国,先见到叔孙穆子,他预言穆子恐怕不得善终,因为穆子无法根据自己的意思选择贤良的人才,祸患必定会降临到穆子身上。后来叔孙穆子果然被自己的儿子所牵累,最后饿死。叔孙穆子就是叔孙豹,我们熟知的"三不朽":立德、立功、立言,就是他所提出。

见过叔孙穆子后,季札请求欣赏周朝的音乐和舞蹈,这就是历史上著名的"季札观乐",上述评论便是出自于此。季札并以无与伦比的鉴赏力,从音乐舞蹈中洞察到时局的兴衰。例如演奏到《秦风》时,季札称赞:"此之谓夏声。夫能夏则大,大之至也;其周之旧乎!"意即,这是华夏的音乐呀,能够与华夏同化,必定能够壮大,壮大到极至,就会像过去周朝一样兴盛吧。季札从乐声中预言了秦国的未来,果真让他言中。

而当表演到舜时期的乐舞《韶箾》时,季札赞叹其中表现了舜的伟大德性,即使有更伟大的风范,也无法超越了,所以"观止矣!若有他乐,吾不敢请已!"季札认为看到这里就够了!如果还有其他表演,也不敢再观赏了。这就是成语"叹为观止"的由来,比喻所欣赏到的事物,美好到了极点。

历久弥新说名句

周公制礼作乐的用意在于"文化统治",音乐不仅配合国家各项礼制的执行,也表现出不同层次的社会风俗。到了秦汉时期已有了"乐府"的设置,什么样的场合、该有什么样的音乐,都有了规划,如有祭祀的乐舞、招待外宾的乐舞、军事上的乐舞、庆典的乐舞等。

唐朝的乐舞有更高的发展。例如《秦王破阵乐》,原本是秦王李世民击败武周时,士兵用旧曲来谱唱新词,以为庆贺,后来收录到乐府。李世民登基后,《秦王破阵乐》就不只有音乐,还融入舞蹈的表演。贞观七年,唐太宗亲自规划《破阵舞图》,命吕才依图指导乐工表演,据说乐工人数达一百二十多人,其中还有击剑的演出。

另一出有名的《霓裳羽衣舞》,将唐代宫廷乐舞的成就推向高峰。这出乐舞的音律是唐玄宗亲自整理,舞蹈则由杨贵妃领舞,加上唐代鲜艳华丽的服饰,一片歌舞升平的画面,跃然而出。如果《秦王破阵乐》在表现大唐的辉煌武功与整齐军容,那么《霓裳羽衣舞》则展示大唐在贞观之治、开元之治后的富裕繁华。可见,在古代乐舞不仅契合当时的文化气氛,某种程度也是统治成果的展现。

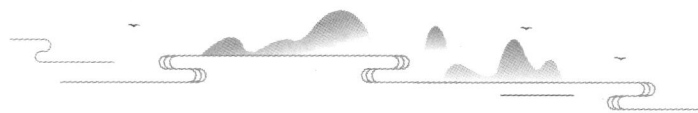

> 其所善者，吾则行之；
> 其所恶者，吾则改之，是吾师也

名句的诞生

子产曰："其所善者，吾则行之；其所恶[1]者，吾则改之，是吾师也。若之何[2]毁之？我闻忠善[3]以损怨[4]，不闻作威[5]以防怨。"

——襄公三十一年

完全读懂名句

1. 恶：讨厌、憎恶。2. 若之何：为什么。3. 忠善：尽量为善；忠，当作动词。4. 损怨：减损怨恨。5. 作威：摆出势力，耍弄威权。

语译：子产说："人们认为好的，我就去推行；他们厌恶的，我就改掉它。这是我的老师，为何要毁掉它呢？我听说尽量为善可减损怨恨，却没听说要弄威权可以防止怨怒。"

我以不贪为宝，尔以玉为宝

名句的故事

子产这段话是对郑国大夫然明说的。因为当时郑国人习惯在工作之余到乡校聚会，同时议论执政者施政的好坏得失，于是大夫然明对子产说："将乡校废除掉如何？"子产反问说："为什么要这样做呢？"并说了这段话。他还对然明说：摆出威势不见得能很快制止议论，要堵住百姓的嘴巴就好像要防堵河川的流水一般，到时后反而会造成河川溃决，当洪水冲破的决口大，伤害的人必然很多，身为执政者的他根本无法挽救；不如就让河川有个小决口，再用导引的方式让水流通畅。所以他以很正面的态度来看待群众的批评，并将这些意见作为治国的良药，以匡正他的过失。

从子产说出："其所善者，吾则行之；其所恶者，吾则改之。"可见他的恢宏气度，能容忍他人的批评意见，并进而以批评作为施政参考。而他不毁乡校的另一个原因则在不忍见以强硬手段防堵民意后造成"伤人必多"的局面，从此可见他的仁心。是以孔子评论道："从子产不毁乡校这件事看来，有人要说他是不仁的人，我是不信的。"

至于然明听了子产的解释后，肯定子产是个有远见、能成就大事的人，郑国有了他就有了依靠，且将不只是少数几位大臣得到好处而已。

历久弥新说名句

西周时，周厉王暴虐无道，愤慨的百姓纷纷公开议论他的过失，大臣召公劝谏说："人民对于您的政令已无法忍受了！"岂知厉公不能从善，相反的，竟倒行逆失地找来一个卫国的巫师来监视国人，只要发现有人批评时政，立刻杀掉。以杀止谤，是以此后没人敢再讲话，在路上相遇也只靠使眼色示意。厉王因而高兴地对召公说："我能消除人们对我的指责，现在都没人敢说话了。"召公于是说："防民之口，甚于防川。"（堵住人民的嘴巴其危险更甚于堵住江河。）应该要让人民畅所欲言，再斟酌他们的意见以作为政令决策的参考，这样才不会违背事理，去施行人民认为不好的政策。如施行人民认为好的政策，自然会令顺政行。所以不能封堵住人民的嘴巴，否则朝廷、朝政是不可能持续下去的。可惜厉王不听，仍一意孤行，国人因而封口不言三年。但三年后，厉王终于被驱逐、流放，结束了其残暴的统治。

显而易见的，子产不毁乡校的想法有一部分是因为"防民之口，甚于防川"，他要让民意有管道可以宣泄，否则民怨一旦累积到忍无可忍的局面，那将比溃堤的水患更可怕。

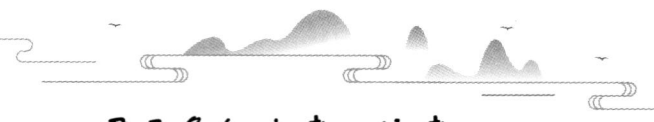

君子务知大者、远者，小人务知小者、近者

名句的诞生

吾闻君子务知大者、远者，小人务知小者、近者。我，小人也。衣服附在吾身，我知而慎之，大官、大邑所以庇身¹也，我远而慢之²。

——襄公三十一年

完全读懂名句

1. 庇身：庇护自身。2. 远而慢之：疏远且轻视它。

语译：我听说君子务必致力于了解大和远的事物，小人只致力于了解小和近的事物。我不过是个小人啊！衣服穿在我身上，我知道要慎重对待，但用来庇护自身的大官、大邑，我却疏远且轻视它。

名句的故事

郑国的国卿子皮想派下属尹何去治理他的封邑，辅佐他的子产有点担心，说："您真的要这么做吗？尹何还年轻，不知道能不能胜任！"子皮回答："尹何这个人既谨慎，又能服从指令，我很喜欢他，相信他不会辜负我的信任。这次是很好的磨练机会，让他去学习一下，就更明白如何治理政事了。"

子产认为此举不妥，便向子皮进谏："喜欢一个人，做任何事总是谋求对此人有利。现在您让他负责封邑的政事，这如同让一个不会用刀的人持刀割东西，迟早会让自己受到伤害。您说您喜欢他，但做的却是伤害他的行为，这样还有谁敢得到您的喜爱呢？"他接着分析："一个人拥有珍贵的丝绸，不会让别人用它来学习裁缝，而您的封邑是庇护您的所在，却让尚在学习中的人去治理，这样做的道理何在？难道您封邑的价值会比珍贵的丝绸低吗？我只听说学习好了才能去做官，没听说过把做官当作学习的。"

子产的一番话点醒子皮，"君子务知大者、远者，小人务知小者、近者"，自己只着眼于喜爱尹何，却忽略适才适所这个重点，成了目光短浅的小人了。子产精辟的分析与直言相告，也使子皮更加信任他，日后更交付政事，让他掌执政之位。而子产果然不负所托，令郑国的国势蒸蒸日上。

历久弥新说名句

　　能够料远若近、洞见将来局势的人不多，战国时的赵武灵王就是个很好的例子。

　　战国时期，赵国与许多胡人部落为邻。赵武灵王察觉北方少数民族喜着短衣、长裤，便于骑马射箭，因而在与赵国的作战中占据明显优势，于是他决定在全国推行轻便的胡服，以取代传统宽袍长袖的服装。

　　赵武灵王跟大臣肥义说："我想继承先王的事业，提升赵国的国力。不过，历来凡是想开创建业之人，往往很难被世俗的人所理解，有独到见解之人，也常常会遭受到世人非议。"肥义说："大王如果已经决定愿意承担世俗之人的非议，那就付诸行动吧！"之后，虽仍有反对的声音，但是赵武灵王都亲自逐一说服。正是由于赵武灵王的远见，训练出一支强悍的骑兵队伍，使赵国日后很快便能成为"战国七雄"之一。

无乃包藏祸心以图之

（昭公元年—昭公三十二年）

无乃包藏祸心以图之

名句的诞生

子羽[1]曰:"小国无罪,恃实其罪[2]。将恃大国之安靖[3]己,而无乃包藏祸心以图之?"

——昭公元年

完全读懂名句

1. 子羽:公孙挥,字子羽,郑国著名政治家、外交官。2. 恃实其罪:依靠大国而毫无防备,就是罪过了。3. 安靖:平安、安定。

语译:子羽说:"小国土地狭小不是罪过,但若依赖着大国而不设防备,这就是它的过失。郑国和楚国的这次联姻,本来是小国想要依靠大国来安定自己,然而大国恐怕是有不良的企图想要来打我们小国的主意吧?"

名句的故事

楚国的公子围是楚康王的叔父。他一心一意想当楚国的王，所以除了采取各种手段铲除异己外，也把眼光放到各个诸侯国家上，希望借着向各国耀武扬威之际，巩固自己的势力。

"公子围聘于郑"就是在这种时空背景下发生的。公子围率领伍举等大臣、士兵，来到郑国求婚，预备迎娶贵族公孙段的女儿。当时郑国的执政大臣子产看出公子围打算借求婚的名义攻打郑国的不良用心，因此不让他住到城里的宾馆，以免发生变故，并派遣外交官子羽前去交涉，展开了一段精采的言语攻防。

一开始，子羽借地小容不下楚国一行人，请公子围改在城外举行婚礼。公子围则派伯州犁答复："当初蒙贵国国君赐婚给敝国大夫公子围，于是陈设祭酒敬告先王才前来迎娶。在城外举行婚礼，哪里是对待士卿应有的礼节？而这么做，岂不是将贵国国君的美意弃于原野，使敝国大夫无颜置身朝中、愧对先王呢？还请您好好考虑一下吧！"

子羽反问："而无乃包藏祸心以图之？"接着又说："若小国因此失去倚仗，其他依附大国的小国莫不以此为鉴，从此不听命于大国国君，这也是我们的担忧啊！如果大国能平等对待小国，使小国很放心，那么我们怎么敢不让您举行婚礼呢？"大臣伍举知道郑国已经有了防备，只好将装弓箭的袋子倒转过来带入城内，表示里面没有任何武器。如此一来，郑国才同意他们进城。

历久弥新说名句

子羽含蓄地暗示楚国不要包藏祸心，他不卑不亢的言词顿时化解了一场郑国的大灾祸，展现了高明的外交辞令。而这也呈现出当时小国夹缝中求生存的艰难处境。根据史书记载，春秋时代之初，尚有一百二十四个诸侯国，但在这两百多年间，大国不断并吞弱小的国家，总共有五十二个诸侯国被灭。公子围后来发动政变成功，即位成为楚灵王。他当上楚王之后，马上就发兵侵略蔡、陈、吴国，还想推翻周朝。可见子产与子羽当初的担心极有先见之明。

"包藏祸心"后来演变为通用的成语，比喻心中藏有不良的诡计，图谋害人。唐代骆宾王《为徐敬业讨武曌檄》便以："犹复包藏祸心，窥窃神器，君之爱子，幽之于别宫；贼之宗盟，委之以重任。"来批评武则天废黜并幽禁中宗以及任用武三思等亲属，最后变成大唐由盛而衰的结果。

虽有饥馑,必有丰年

名句的诞生

今武¹犹是心也,楚又行僭²,非所害也。武将信以为本,循而行之。譬如农夫,是穮³是蓘⁴。虽有饥馑,必有丰年。

——昭公元年

完全读懂名句

1. 武:赵武,赵国大臣,又称赵文子。2. 楚又行僭:指楚国又不守信用。超越本分的行为。3. 穮:耕田、除草。4. 蓘:以土培育幼苗。

语译:今天我赵武还是这样的想法,如果楚国又要不守信用,它也伤害不了我。我仍将持续以信义为根本,遵循正道来走。就好像是农夫一样,在农地里把杂草除去,然后再种上好的幼苗。虽然偶尔还是会有饥荒,但是丰收之年终究会来临。

名句的故事

春秋时代，自从楚国兴起后，晋、楚两国便一直相争不下，不仅耗损民力物力，夹在中间的各个小国更是苦不堪言。在这样的背景下，居中的宋国成为调停两国的重要推手，曾两次促成弭兵之盟，约定两国从此不再兵戎相见。

楚国的公子围在郑国举行婚礼之后，便在郑国的虢地召开诸侯盟会，目的便在重新确立弭兵之盟。晋国身为诸侯的盟主，也出席了这场盛会。由于晋楚两国嫌隙极深，晋国的大夫祁午十分忧虑，对执政大臣赵武说："楚国不守信用，恐怕会使我国遭受耻辱。您辅佐了晋国作为盟主已经长达七年，您的一世英名可别因为这次的盟会受辱而结束。这是我最担心的事情，希望您能警惕在心。"

赵武回答："武将信以为本，循而行之。譬如农夫，是穮是蓘。虽有饥馑，必有丰年。"他认为楚国也许一时得到上风，但晋国终究会获得各诸侯国的拥戴。赵武还认为："能守信的人就不会永远在别人底下，守信的人就可以成为其他人的表率。我只担心自己不能守信，至于楚国又有什么好担心的呢？"

《诗经·大雅·抑》说："不僭不贼，鲜不为则。"指若不背信，也不去害人，很少不能成为典范。也因此，赵武援引了这段诗句，认为只要守信用、循正道，祁午的忧虑是不会发生的。

历久弥新说名句

在春秋时代,"信"是很重要的一件事。成公十五年,楚共王打算背叛之前与晋国的弭兵之盟,出兵攻打依附于晋国的郑、卫两国。令尹子囊认为这是背信的行为,万万不可行。然而子反却说:"敌利则进,何盟之有?"认为只要是对自身有利的情况,何必管签了什么合约。楚国的元老申叔时听了之后,便说:"信以守礼,礼以庇身,信礼之亡,欲免得乎?"信用是用来保护礼法,礼法是用来庇祐自身的生存,如果信用、礼法都不见了,怎么可能免于祸难呢?预言楚国由于不守信用,战争将会是失败的一方。这场战役果然如申叔时所预言:楚国战败,且最后子反羞愧自杀而死。

"信"到底有多重要呢?《论语·颜渊》中提到,子贡问孔子如何治理国家,孔子回答:"足食、足兵、民信",而其中最重要的是"民信",孔子说:"自古皆有死,民无信不立。"认为获得民众的信任是执政者最重要的事情,因为一个国家必须有人民的信任才能稳定。由申叔时与孔子的言论,可知当时对"信"的看重。

不义而强，其毙必速

名句的诞生

强¹以克弱而安之，强不义也²。不义而强，其毙必速。诗曰："赫赫宗周，褒姒灭之。"

——昭公元年

完全读懂名句

1. 强：强大、壮盛。2. 强不义也：这种强大是不合义的道理。

语译：仗着自己的强大而去欺负弱小，这种强大不合乎道义。不合乎道义而强大的话，那么离灭亡就不远了。这正如同《诗经·小雅·正月》所说："伟大壮盛的宗周，因为褒姒的关系而被灭亡。"

名句的故事

楚国的公子围在郑国举行盟会，在仪式当天，公子围以国君的规格来佩戴自己的服饰，他的身旁还有两个卫士拿着戈站在身旁，这也是君主才能使用的礼仪，而不是身为楚国令尹的他该有的行为，因此引起了各国与会臣子的议论。

公子围的跋扈不只如此。在宴请赵武时，他还赋《诗经·大雅·大明》的"明明在下，赫赫在上"，歌颂周文王明亮的光辉照耀天下四方，声势之显赫达于天上，俨然以文王自比。身为晋国代表的赵武听出了这层意思，委婉地还以颜色，赋《诗经·小雅·小宛》的"各敬尔仪，天命不又"（各自要审慎敬重威仪，天命是一去不再来的），要公子围好自为之，若不恭敬地对待礼仪，天命可是会一去不复返的。

本篇名句即出自晋国臣子叔向对此事的评论。宴会结束后，赵武询问叔向的意见："公子围自以为是王了，你怎么看这件事？"叔向回答："现在的楚王很弱小，令尹却很强大，差不多是楚王到了被取而代之的时候。但即使令尹可以成为王，也不会有太好的结果。"叔向进一步解释，令尹的确很强，当上楚王后，将会有很多诸侯归顺。然而以他的个性来看，一旦得到诸侯的归附，令尹只会更加骄傲、为所欲为，对外这就是"强不义也"。对内，令尹靠着"不义而强"夺取到了王位，他必然会以不义的态度为常道来治理国家，既然是以不义为常道，国家怎会长治久安？如此一来，令尹又怎会不自取灭亡呢？

历久弥新说名句

　　被评论"强不义也"的公子围，最后的下场究竟如何呢？虽然他发动政变，如愿继位为楚灵王，但也因为贪婪、残暴，树敌极多。昭公十三年，当楚灵王在城外饮酒作乐时，他的儿子被叛乱的人所杀害，原本跟随他的臣子、军队也纷纷离开他，可谓"众叛亲离"，不久他便在唯一收留他的臣子申亥家中上吊自杀。这也应验了"不义而强，其毙必速"这句话。

　　《左传》重视"义"，《论语·为政》中有："见义不为，无勇也。"指看到正义的事情却不去做，就是没有勇气。这句话后来成为成语"见义勇为"。义代表的是"善"，也是正道、正理。在西方文化中，"义"也是十分受重视的概念，因为它与个人乃至国家社会都息息相关。希腊哲学家艾比顾拉斯说："正义带来最大的收获是：心灵的安定。"如同常说的四维——礼义廉耻，行事为人的基本原则都是从内心自省、自发而生的，符合了这些原则，自然俯仰无愧，坦荡而安定。

先王之乐，所以节百事也

名句的诞生

先王之乐，所以节百事也，故有五节[1]。迟速本末以相及，中声以降。五降之后，不容弹矣。

——昭公元年

完全读懂名句

1. 五节：宫、商、角、徵、羽五声的节奏。

语译：先王的音乐是用来限制不使百事过度，所以有五声的节奏。快慢、主旋律与节奏互相调和，五声和谐后然后音乐慢慢降下来，等乐声停止后，就不可以再弹奏了。

名句的故事

晋平公生了重病，向秦国求医，秦景公派了泰国的名医和来看病。和告诉晋平公，他因为被女色所迷惑而丧失了心志，所以他的病无法医治了。晋平公问说："女不可近乎？"和回答他："不是不能亲近，而是要节制它。"因为"先王之乐，所以节百事也"。他认为：五声和谐，乐声静止后，就不可再弹奏，不然弹奏的手法就会愈来愈复杂，所演奏的音乐也会使人心情荡漾，失去平和的心态。因此君子是不听这样的靡靡之音的。其他事务也跟音乐一样，一旦过度就要立刻停止，否则就会生病。

晏婴也说："先王之济五味、和五声也，以平其心，成其政也。"意思是说先王调剂酸、甜、苦、辣、咸五种味道，调和五声，都是为了平静内心，这样政事的运作才可以成功。因为物质精神都调和了，民将不为乱。这正符合《诗经》所说的"德音不瑕"，德音是没有缺点的。

历久弥新说名句

春秋时代相当重视音乐的礼节，然而在当时音乐并非如我们现代人所认知的"欣赏"而已，有时是政治外交的礼仪。比如诸侯、天子在什么场合可以演示什么音乐，都是有一定的规定。有时则是修身养性的"手段"，比如名医和告诉晋平公："君子之近琴瑟，以仪节也，非以慆心也。"意思是说：君子亲近琴瑟这些乐器，是因为可以借着音乐的韵律来配合礼仪的养成，不是用来取悦内心的好恶。也就是说音乐不应该是激起内心的波涛起伏，而应该是拿来修身养性的工具。

这段文章虽然表面上是在论音乐，但实际上是借音乐来说明凡事都应该有节度的道理。不过虽然春秋时代的人都知道"靡靡之音"无助于道德修养，但"流行音乐"在当时仍非常受欢迎。《礼记》魏文侯就问子夏："吾端冕而听古乐，则唯恐卧；听郑、卫之音，则不知倦。敢问古乐之如彼何也？新乐之如此何也？"意思是说：我穿着正式的衣服听着古乐，结果很快就躺下睡着。但是听郑、卫的歌曲（流行音乐），却一点也不会疲倦。请问古乐为什么会使人想睡，而新乐为什么又使人这么陶醉呢？

子夏解释说因为郑、卫的流行音乐只会让人沉溺而难以自拔。而圣王的音乐是把君臣父子以为纲纪。纲纪确立，天下便会安定。天下安定，然后正六律，和五声，再配合上乐器，这样的音乐才是德音。只是言者谆谆，听者藐藐，历史上记载君王荒淫无度以致下场凄惨的事情又何尝少过了？

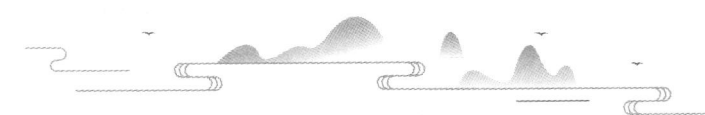

凡有血气，皆有争心，
故利不可强，思义为愈

名句的诞生

晏子曰："让，德之主也。让之谓懿德[1]。凡有血气，皆有争心，故利不可强，思义为愈。义，利之本也。"

——昭公十年

完全读懂名句

1. 懿德：美德。

语译：晏子说："谦让，是德行的主干。让给别人叫做美德。凡是有血气之人，都有争夺之心，所以利益不能强取，想着道义就能胜过别人。道义，是利益的根本。"

名句的故事

齐景公在位时，齐国的政权主要落在栾氏、高氏、陈氏、鲍氏四大家族手中。昭公十年，四大家族争权夺利，相互攻打，为了抢夺先机，他们都想召见齐国宰相晏婴。此时，晏婴的手下人问他："是否要帮助陈氏、鲍氏？"晏婴回答："他们有什么值得帮助的？"底下人又问："那么要帮助栾氏、高氏吗？"晏婴说："难道能胜过陈氏、鲍氏？"手下人继续追问："那么打算回去吗？"晏婴回说："国君被攻打，我回哪里去？"

之后，陈、鲍联手打败了栾、高之军。栾、高逃亡到鲁国，陈氏与鲍氏想趁机瓜分两家的财产。可是，晏婴认为此举违反礼义，于是对齐国大夫陈桓子说："一定要交给国君！"在晏婴看来，谦让，是德行的主干，让给别人叫做美德，于是阐述上面一番话。陈桓子听了之后，便将栾氏、高氏的财产都献给了齐景公，然后自己告老退休隐居在莒地。不过此举只是表面功夫，陈桓子私下对百姓施惠，笼络民心，使得陈氏日渐强大。

晏婴上述名句的重点在于，面对人的争夺之心，唯有以谦让、道义等美德，才能消除谋求私利的行为。

历久弥新说名句

《论语·学而》记载，孔子的学生子禽问子贡说，老师到了一个国家，一定能获邀参与这个国家的政事。那是求来的，还是别人主动给他机会的？子贡说，老师是靠"温、良、恭、俭、让"，即温厚、善良、庄敬、节制和谦让的态度得来的。正因为温、良、恭、俭、让，所以能除去骄横之气，依礼而行、不逾矩，谁都乐意向孔子请教政事。

时至今日，不少人其实误解了"礼让"的真正意义，误以为"礼让"是要人放弃原则，让人予取予求。实际上，"礼让"并非教人消极退让，将所有事物拱手让人，或是教人谦让过度，显得卑躬屈膝，而是要人以礼为行事准则，当进则进，当退则退。明朝警世之书《菜根谭》云："让，懿行也，过则为足恭，为曲谨，多出机心。"让，是一种美德，但过犹不及，均不恰当。谦让过度反而显得意图不良。

不过，要做到谦让并不容易。作家梁实秋有一篇散文《谦让》，谈到"利之所在，可以使人忘形，谦让不是一件容易的事"。文章描述最常见的谦让情形，是在宴会客人入席之际，但这种谦让其实有两个原因，一是让到最后，人人必然有位置可坐；二是无论坐在哪里，所得利益都是相同的。相较于此，我们从未在售票处见过没设置长栅栏，还能有谦让之风。因此，梁实秋发现一般人处世的道理便是："可以无需让的时候，则无妨谦让一番，于人无利，于己无损；在该让的时候，则不谦让，以免损己；在应该不让的时候，则必定谦让，于己有利，于人无损。"显现利字当头，谦让实难能可贵。

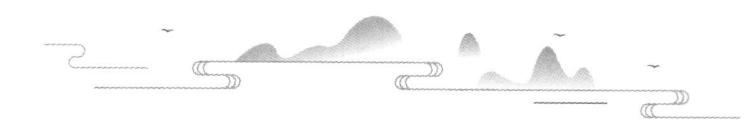

不道，不共；不昭，不从

名句的诞生

今单子为王官伯，而命事于会，视不登[1]带，言不过步，貌不道容，而言不昭[2]矣。不道，不共[3]；不昭，不从[4]。无守气[5]矣。

——昭公十一年

完全读懂名句

1. 登：高过于。2. 昭：明白、清楚。3. 共：貌正曰共，恭敬的意思。4. 从：服从、顺从。5. 守气：保守身体之气，也就是保有元气。

语译：现在单子身为周天子的大臣，来到这里宣布天子的命令。但是他的眼睛视线不会超过衣带，讲话的声音小得让超过一步的人就听不见，也不端正自己的形貌仪容，说的话也不清楚。不端正，就不能使人恭敬；讲的话不清楚，就不能使别人服从。

这样的情况大概离死期不远了。

名句的故事

单子即单成公，是春秋时期单国的国君。鲁昭公十一年秋，单子身为周天子的代表，在戚地会见韩宣子，眼睛向下看没有注视对方，而且说话的声音很小很慢。叔向说："会朝之言必闻于表著之位，所以昭事序也。视不过结襘之中，所以道容貌也。"叔向认为朝见的时候有规定要站的位置，开会的时候有一定的次序，衣服上有交叉的领子，带子上有结。所以会见和朝见时所说的话，一定要能使在座者都听得到，这样才可以将事情表达得有条不紊。看东西不能低于衣服交叉和衣带中间，因为这样才能端正自己的仪容。叔向："言以命之，容貌以明之，失则有阙。"意思是说：语言是用来发布命令，仪容形貌是用来表明自己的态度，如果做不到的话，就表示有问题了。叔向就是用这些标准来看单子，发现他"不道，不共；不昭，不从"，于是叔向说："单子难道快死了吗？"

当年十二月，单子就真的死了。

历久弥新说名句

《礼记·曲礼下》："天子视不上于袂，不下于带。国君，绥视。大夫，衡视。士视五步。凡视，上于面则敖，下于带则忧，倾则奸。"意思是说：国君看臣下时，要看衣领以上的部位——看脸；大夫看国君时，目光上不能超过国君的衣领，下不能低于国君的衣带，也就是不许看国君的脸；而士因为地位更低，连衣领衣带也不许看，只能看自己周围五步之内的东西。看对方时，目光超过对方脸部的，便是骄傲；目光若低于对方腰带的，是忧愁；斜眼看人的，是奸邪。这些是与人说话时要注意的，虽然现代人不需遵从以前的礼仪规范，但说话时清楚、明了，目光直视对方，仍是最基本的礼貌。

叔向的这段话被很多"命相"学家拿来当作一个重要的命相历史。他们认为人有魂魄，如果魂魄失去了，人的精神则会有亏损，人的气也就不会凝聚。单子与诸侯会面时，"视下言徐"（目光朝下，言语迟缓），明显"无守气"，可见他的魂魄早就离开了身体，所以叔向知道单子即将过世，这也成了后世的"望死之法"。

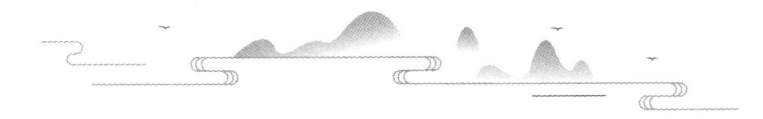

末大必折，尾大不掉

名句的诞生

郑京、栎实杀曼伯[1]，宋萧、亳实杀子游[2]，齐渠丘实杀无知[3]，卫蒲、戚实出献公[4]。若由是[5]观之，则害于国。末[6]大必折，尾[7]大不掉[8]，君所知也。

——昭公十一年

完全读懂名句

1. 郑京、栎实杀曼伯：指郑厉公取得宋国支持，以郑国大城栎为基地，夺取京地再攻入国都，杀去自己的手足曼伯后，重新即位的史事，事见鲁庄公十四年。2. 子游：公子游，宋闵公之子。鲁庄公十二年，宋国大夫南宫万弑君立公子游为宋国国君，其他公子因而奔至萧、亳两地，并于两地会师反攻，杀死公子游。3. 无知：公孙无知，齐庄公之孙，深受伯父僖公喜爱，而后弑襄公夺位。因先前曾折辱被封于渠丘的齐国大夫雍廪，而于鲁庄公九年被杀。4. 献公：指卫献公。鲁襄公十四年，卫国大夫宁惠子与孙林父发动政变，迫使卫献公流亡国外。蒲、戚两地即为两人的封地。5. 由是：从这些例子看。6. 末：树枝。7. 尾：尾巴。8. 掉：摆动、回转。

语译：郑国的京、栎地使曼伯被杀，宋国的萧、亳令公子游丧命，齐国的渠丘让公孙无知身亡；卫国的蒲、戚两地造成献公被驱逐。若从这些例子来看，地方的势力过大，就是对国家有害。树枝过大会使树干断掉，兽的尾巴过大就不能随心所欲地摇摆、转动，这是君王您所知道的事实。

名句的故事

春秋时代，楚灵王灭了蔡国后，打算整修蔡国原本的城墙，并派自己的弟弟公子弃疾驻守此地，把蔡国改为封邑。楚灵王询问臣子申无宇："我想命弃疾为蔡公，你觉得如何？"没想到申无宇不赞同，反而回答："据臣所知，皇亲国戚若离皇都远，一旦他们拥有军队，很可能会发动叛乱，引起国家不安啊！"楚灵王回说："如果国家拥有大又稳固的城池怎么样？"因为他认为一个国家如果拥有强大的封邑，一旦有了外侮，这些封邑一定会赶来救援。

申无宇在劝谏楚灵王时，先提出了"五大不在边"的论述，所谓"五大"，指：太子、母弟、贵宠公子、公孙、累世正卿，因为他们的身份特殊且尊贵，与君王关系又密切，因此很容易代替君王在百姓们心中的地位,若放在边远地方,又未能严加控制,便很有可能图谋造反。他更以历史上郑、宋、齐、卫等国的例子为例,形容这种情况就像是"末大必折,尾大不掉"。虽然申无宇提出了强烈的警告,要楚灵王小心下属坐大,但楚王依然没有采纳申无宇的建议,两年后,公子弃疾果然发动叛乱,逼得楚灵王最后以自杀结束生命。

"末大必折,尾大不掉"因此便被用来比喻下属的势力强大,不服从指挥调度,在上者难以驾驭。后也用来比喻事物因本末关系颠倒,形成难以控制的局面。

历久弥新说名句

申无宇担心地方势力若太强,中央将很难以管控。《韩非子·扬权》篇也说:"为人君者,数(数,屡次)披其木,毋使木枝扶疏。"说明身为君王,应该要常常"修剪"在外边的树枝——将领或是皇亲国戚的力量,以免枝大本小,反而动摇国君的权力,使国家不稳。

申无宇以及韩非子的主张,恰好便是后来宋太祖所实施的"强干弱枝"政策。他为了避免唐朝末年的地方藩镇势力高过于朝廷的弊病,将政治上的大部分决策权划归到中央,使得地方力量薄弱,处处仰赖中央。但这样的情况也造成了中央官僚机构庞大以至于政治效率低下、冗员费用高涨以及地方凋敝的情形;再加上宋朝重文轻武,使得宋朝的国力一直积弱不振。以至于宋朝在面对外患时，始终无力抵御，例如：北宋与辽、西夏、金等强邻交战，屡遭失败，终至灭亡。后来南宋更偏安一隅，但屡败于金，最后为蒙古所灭。后来学者分析这段历史都认为乃是因为太过强调强干弱枝、重文轻武国策所致。由楚灵王以及宋代的历史来看，足可见"过犹不及"，为君者虽然要约束地方的力量，但中央过强或过弱，都不见得合适！

从善如流,下善齐肃

名句的诞生

从善如流[1],下善齐肃[2],不藏贿,不从欲,施舍不倦,求善不厌[3],是以有国,不亦宜乎?

——昭公十三年

完全读懂名句

1. 如流:如流水。2. 齐肃:整齐、严肃、恭敬。3. 不厌:不满足。

语译:听从好的、正确的意见,就像流水向下那样迅速、自然。对于正确的事情态度非常严肃、恭敬。不贪不应得的财物、不放纵自己的私欲、施舍别人不知道疲倦、做好事没有满足的一天。由于这些原因而得到国家,不是很应该的事情吗?

名句的故事

楚国的公子弃疾、朝吴等人趁暴虐的楚灵王不在国都时，率领着陈、蔡、不羹、许、叶等地的军队，一起攻进国都。弃疾派人先进入宫殿，把楚灵王的两个儿子杀死。并立子乾为楚王。朝吴纳闷地问弃疾："你为什么要让子乾当王？"弃疾回说："楚灵王还没死，这个王位坐得稳吗？只是暂时让子乾先坐坐罢了。"

在弃疾把子乾召回楚国时，晋国的韩宣子便问叔向："你认为这回子乾会顺利坐上王位吗？"叔向回答他："难，得到国家有五个难点，子乾通通都有。"这五个难点是：一、没有贤人辅助；二、没有内应的力量；三、没有谋略；四、没有百姓的拥戴；五、没有良好的德行。所以叔向认为子乾凭什么当上国君。叔向以同样曾流落在外国的齐桓公、晋文公为例，说明他们都是从善如流、下善齐肃的人，但子乾不得民心，也不像齐桓公那样重用人才，听从正确的意见，离开晋国的时候没有人舍不得他，回到楚国也没有人迎接，这样的情形怎么能真正得到一个国家呢？果然不久，弃疾就用计谋逼死了子乾，自己当上了王，也就是楚平王。

历久弥新说名句

"从善如流"这句话也可见于《左传》于鲁成公八年的记载。

成公六年秋天，楚国率兵攻打郑国，和郑国订有盟约的晋国于是派兵前往援助，并且还借机攻打临近的蔡国。楚军一听到消息之后，马上动员军队，准备援救蔡国。晋军的主帅栾书也准备向楚国进军。但知庄子、范文子、韩献子三人说："不可，吾来救郑，楚师去我，吾遂至于此，是迁戮也。"他们觉得晋军本来是来援救郑国，楚国军队既已撤兵，郑国的危机解除后，晋国却去攻打蔡国，这是将杀戮的事情搬家。而且攻打蔡国将会触怒楚国，到时晋楚相争不一定会赢。就算赢了，也不是件光荣的事。他们希望栾书能退兵，栾书听了便决定撤军。《左传》在这里形容他："从善如流，宜哉！"意思是，栾书能接受部属提出的好意见，这种处事态度是非常适当的。

数典而忘其祖

名句的诞生

籍谈[1]不能对,宾出,王曰:"籍父其无后乎!数典[2]而忘其祖。"

——昭公十五年

完全读懂名句

1. 籍谈:其高祖孙伯黡负责掌管晋国典籍,主持国家大事,故称籍氏。2. 典:典故、历史。

语译:籍谈无法回答。等到宾客都出去后,周天子说:"籍谈的后代恐怕不能承受俸禄吧?因为他讲出了历史典故却忘了自己的祖先。"

名句的故事

鲁昭公十五年,晋国籍谈身为副使,到周去参加穆后的葬礼。葬礼过后，周景王设宴款待晋国使节，宴席中所用的酒壶是鲁国进贡的，于是他问晋国为什么没有进贡礼器。籍谈回说："诸侯受封的时候，都有接受王室给的明器，所以他们能把彝器（宗庙所用的祭器通称）献给天子您。但晋国住在深山里，与王室距离遥远，周天子不曾赠予我们什么，而且只有戎狄跟我们相邻，我们连驯服戎狄都来不及了，怎么献彝器呢？"

没想到周景王恼羞成怒，狠刮了籍谈一番，回说："叔父，你忘了吧！唐叔是成王的亲兄弟，难道没有受到赏赐吗？根据历史记载，王室有三次赏赐宝物给晋国。"周景王细数历史后，接着评论："不要废弃历史的功勋，有功劳的事情应详加记载，用彝器来安抚，用华丽的车服、旌旗来表彰它，写在文章里，好让后代子孙都不要忘记，这样才是所谓的'福'，如果连这种福气都不好好记住，叔父籍谈你的心到哪里去了？"

周景王的话说得很重，籍谈当下无言以对。等到客人走了之后，还在生气的周景王甚至说："籍父其无后乎！数典而忘其祖。"这番怒骂籍谈的话，演变成我们现在常用的成语"数典忘祖"，批评只会列举典故来论说事情，却忘了自己的祖先就是掌管典籍的官，后更引申指人忘本。

历久弥新说名句

籍谈是否真如周景王所说，忘记了先祖的教诲呢？《左传》在这个事件之后，还记载了晋国大夫叔向对此事的评论。

籍谈回到晋国后,把这件事告诉叔向。叔向听了说:"周天子恐怕不得善终吧!"并说:"周景王在同一年里死了王后以及太子,理应守三年之丧两次,却在这时候跟来吊唁的宾客饮酒作乐,还要求献上彝器,这真是把忧虑的事情当作欢乐了。"认为周天子在理应悲伤的时候,和宾客饮酒作乐,不合乎礼,居然还跟籍谈要彝器,彝器可是嘉奖功勋欢乐的时候用的器具,怎会是丧礼时使用呢?所以叔向说周景王:"忘经而多言,举典,将焉用之?"言语是用来表达典故,典故是用来记载经典规范,忘记了这些经典规范,只会多话,胡乱举出典故来,又有什么用呢?更何况,礼应该是天子奉行的重要规范,因此从叔向的评论中,可以发现数典忘祖的人其实不是籍谈,而是在服丧期间仍举办宴会、向诸侯国索取彝器的周景王啊!

夫大国之人令于小国，而皆获其求，
将何以给之？一共一否，为罪滋大

名句的诞生

夫大国之人令于小国，而皆获其求，将何以给之？一共一否，为罪滋大。大国之求，无礼以斥之，何餍[1]之有？

——昭公十六年

完全读懂名句

1. 餍：满足。

语译：大国的人只要下了命令给了小国，小国就一定要满足大国的要求，那么以后还有什么可以给大国的呢？一次给了，一次不给，那么得罪大国的罪不是就更大了吗？大国如果提出无礼的要求，就要斥责他们。不然他们哪里会有满足的一天呢？

名句的故事

　　晋国的韩起到郑国访问。韩起有一只玉环，还有一只在郑国商人的手里。他跟郑定公索要，但是执政大臣子产表示这不是公家的东西，所以不能给。大夫子大叔担心如果得罪了韩起，等于得罪了晋国，后果将不堪设想，于是对子产说："韩起也仅是要求一只玉环而已，就给他吧！"子产回答："我不是故意要惹他们生气，相反地，我是希望能跟他们一直保持良好的关系，所以才不给他啊！"子产认为，对于大国的要求，如果不依礼来拒绝他们，大国将会更加贪得无厌。长此以往，郑国会成为晋国的一个城市，而不是独立的国家。他更进一步阐述，韩起奉命来郑国拜访，却仗势要求郑国赠予玉环，这是贪婪的表现。送一只玉环，却让郑国失去国家地位，又让韩起变成贪心的人，实在不是明智之举。

　　韩起后来强行向商人购买，商人忿忿不平，表示一定要告诉子产。韩起请子产通融。子产对他说："您带着友好态度来到郑国，却告诉我们，您要强夺商人的东西？"更说："得了玉，却失掉诸侯盟友，相信您一定不愿意这么做。"韩起听了，就把玉环退了回去。

　　子产所言："夫大国之人令于小国，而皆获其求，将何以给之？"虽然说的是国与国间相处的原则，但也适用于一般处事——凡事不应任人予取予求，姑息的后果终将导致他人欲望的无限膨胀，实在不可不慎。

历久弥新说名句

子产身为小国臣子，却能在行动及言语上维护国家的主权独立，这是他过人以及可敬之处。不过只凭口才就能保全小国，毕竟少见。更多的时候，小国就像宋国的向戌所说："大国令，小国共，吾知共而已。"大国下命令，小国便恭敬接受，乖乖地照做就对了。

小国的无奈，古今中外皆有。《汉书·西域传》就描绘了因丝绸之路开通而日益繁荣，却也被夹在汉朝与匈奴之间百般无奈的国家——楼兰。自汉武帝派张骞出使西域后，使者频频出使，楼兰不堪使者的饮食、交通供给之苦，因此杀害汉朝使者，转而与匈奴交好。武帝大怒，发兵攻打楼兰，掳获了楼兰王。

然而，若楼兰就此投降汉朝，匈奴绝不善罢甘休，一定也会发兵，楼兰王只好派遣一个儿子到汉朝，一个儿子到匈奴，双双成为两国人质。当汉朝将军李广利逮捕楼兰王，指责他与匈奴亲近时，楼兰王无奈回答："小国在大国间，不两属无以自安。"弱小国家夹在两强国间，没有两边都归属，便很难获得安全。

事实上，小国的悲哀更在于夹在两国间，恐怕两属仍难自安。对照楼兰王的无奈，更显见子产在处理大国来使要求时，不委屈、不求全的态度有多么难能可贵。

唯有德者能以宽服民，其次莫如猛

名句的诞生

唯有德者能以宽¹服民，其次莫如猛。夫火烈，民望而畏之，故鲜死焉；水懦弱，民狎²而玩³之，则多死焉。故宽难。

——昭公二十年

完全读懂名句

1. 宽：宽容、宽大。2. 狎：轻慢、轻忽。3. 玩：通"玩"，戏弄。

语译：只有有德的人才能用宽大的政策来使人民服从，次一级的不如就用严厉的规定比较好。说到猛烈的火，人民看到了会害怕，所以很少有人死于火；而水是柔弱的，人民就会轻慢地玩弄水，因此身亡的人就会很多。所以用宽大的政策来治理人民是很困难的。

名句的故事

郑国执政大臣子产病笃，自觉将不久于人世，因此对着他的继任者子大叔说："唯有德者能以宽服民，其次莫如猛。"子产病了几个月后过世。子大叔果然如子产所言执政，但他不忍心太过严厉，所以实行了仁厚宽大的政策。没想到国内因此盗匪猖獗，都聚集在芦苇塘里以夺取路人的财物。子大叔懊悔地说："我如果早听子产的话，就不会这样了。"于是率领军队去把聚集在那些地方的盗贼通通杀死，情况才逐渐好转。

孔子针对这件事情发表评论："善哉，政宽则民慢，慢则纠之以猛，猛则民残，残则失之以宽。宽以济猛，猛以济宽，政是以和。"施政者若管理太过宽松，人民就会轻慢；人民轻慢时，就要用严厉的态度来纠正。然而若太过严厉，又会使得人民伤残，这时就要用宽大的态度来调剂。换句话说，施政应该宽猛并济，这样国家才能稳定、和平。

子产以火、水的比喻，说明了以宽服民之难，而《左传》在这段记载中，进一步以子大叔的执政情形，以及孔子的评论进行佐证，更强化了子产临终前这段话的说服力。

历久弥新说名句

与子产同时代的孔子虽没有主张不要用刑罚，但他更推崇礼治。他说:"道之以政,齐之以刑,民免而无耻。道之以德,齐之以礼,有耻且格。"(《论语·为政》)孔子认为用政治来引导人民,用刑罚来治理人民,那么人民为了避免刑罚,将会在表面上服从法令,但由于不是发自内心地服从,因此只要法令一有漏洞,人民就容易犯法,且不会引以为耻。因此孔子主张应该以道德来教导人民,他认为真正能培养人民朝更良善的境界只有礼与德。

而荀子的观念较不同于孔子,反而是接近子产,相较于"德主刑辅",荀子主张"礼主刑辅",他认为人性本恶,所以除了要用礼来提高人的道德感外,也要用刑来使人民心生警惕,不致为恶。所以荀子说:"明礼义以化之,起法正以治之,重刑罚以禁之,使天下皆出于治,合于善也。"(《荀子·性恶》)以礼义来感化人民,以刑法来治理、禁止人民,这样就能让天下都走向正确的道路。

"刑称罪则治,不称罪则乱。"(《荀子·正论》)除了不可废除刑罚外,刑罚也不可太宽松,必须要适度严格。如果用刑宽松了,人民将无所畏惧,国家也会大乱。相反的,如果用刑恰当,国家便会太平。荀子的论点与子产的相呼应,他们都认为不能冀望圣人或是有德者来感化人民,还不如以明定的法令来制约人民。

使民不安其土，民必忧，
忧将及王，弗能久矣

名句的诞生

子大叔闻之曰："楚王将死矣。使民不安其土，民必忧，忧将及王，弗[1]能久矣。"

——昭公二十五年

完全读懂名句

1. 弗：不。

语译：子大叔听了就说："楚平王快要死了。他让百姓不能在自己的土地上安居，百姓必然会非常忧愁，忧愁将会达到君主的身上，王必定不能长久了。"

名句的故事

楚平王（原来的蔡公弃疾）在内乱当中当上了国君，刚开始

大美国学 左传

他组织生产，让百姓们生活渐渐富裕，刑罚上采取较宽松的法律，赦免了许多羁押的犯人。并让当初被楚灵王强迫迁徙远处的人可以回到自己的家园。但是渐渐的，楚平王除了宠信佞臣、杀害忠良，迫使太子建、伍子胥等人被迫逃亡他国外，到了后期，他还不断建筑新的城郭，严重影响到一般老百姓。

楚平王让"薳射城州屈，复茄人焉。城丘皇，迁訾人焉。使熊相禖郭巢，季然郭卷。"意思是说：楚平王叫薳射修筑州屈这个城，然后叫茄人回去住；修丘皇这个城，叫訾人回去住。又派熊相禖修筑巢地的外城，叫季然在卷地筑外城。因为这种种的措施，子大叔看了之后，便站在"安土息民"的角度，推测楚平王的政策错误，不得民心。果然楚平王的这些举动带给了楚国严重的后患，楚平王治国十三年，楚国的国势一天比一天衰落。

历久弥新说名句

中国古代以农业为基础，试想一个粮食作物的收成要经过多少步骤？翻土、播种、锄草、浇水、除虫，若遇到大雨、旱灾等天灾，还要想尽办法把损失降到最低，这样辛苦了几个月之后，才能收获辛苦的成果。而人与土地的关系，也在岁岁年年当中培养了起来，一砖一瓦都是先人留下的印记，也是自己一点一滴的成长记忆，《汉书·元帝纪》中有："安土重迁，黎民之性。骨肉相附，人情所愿也。"意思是说，长久居住在故乡这片土地上，已经累积了无数的情感，因此不肯轻易搬离，这是人民的本性；

而亲情骨肉永远相依相偎，这也是人们的愿望。

　　贾谊的《过秦论》："安土息民，以待其敝。"意思是说，使境内国土可以平安，民众得以休养生息，以等待他国的衰败。贾谊认为只要秦国能秉持"安土息民"的政策，如此一来秦国的国君将可以实现统一天下并且长治久安的心愿。贾谊的立论没有错，可惜的是秦国纵使后来统一了六国，却未能做到"使民安于土"，以致庞大帝国昙花一现。

　　现代虽然是以工商为主的社会，但是传统"安土重迁"的观念并没有完全改变，执政者要大规模迁动人民时，一定要慎重考虑啊！

礼之可以为国也久矣，与天地并

名句的诞生

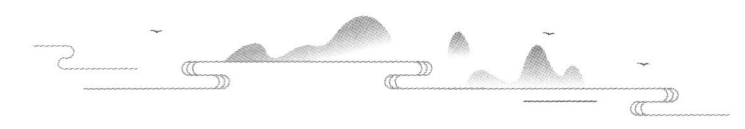

礼之可以为国也久矣，与天地并[1]。君令、臣共、父慈、子孝、兄爱、弟敬、夫和、妻柔、姑[2]慈、妇听[3]，礼也。

——昭公二十六年

完全读懂名句

1. 与天地并：礼的道理与天地同在。2. 姑：婆婆。3. 妇听：媳妇听从。

语译：用礼来治理国家的道理已经很久了，可以跟天地并立。国君下命令、臣子恭敬、父亲慈爱、儿子孝顺、哥哥友爱、弟弟恭敬、丈夫和蔼、妻子柔顺、婆婆慈详、媳妇听从，这些都是合于礼的道理。

名句的故事

本篇名句出自于齐国宰相晏婴劝齐景公施行礼治的对话。齐景公有次突然有感而发，说："这宫殿多么漂亮，之后将会是谁拥有呢？"晏婴听了，反问齐景公的意见。齐景公说："我认为是有德行的人。"晏婴回答："照国君您这么说，应该就是陈氏了。陈氏懂得施舍给百姓，百姓的心都归向他。如果您的后代稍有懈怠，陈氏将会拥有这个国家。"

齐景公听了，便紧张地问晏婴解决之道。晏婴借机提出"礼治"的概念，更进一步阐述为什么"礼之可以为国久矣，与天地并"的道理。晏婴认为的礼，是人与人相处的道德、准则。每个人在不同的场合，身份有所不同，有时是父亲，有时是部下，有时是人子，有时是兄弟、夫妻或婆媳等。每个人在扮演不同角色时，都应该有不同的实践准则，以各尽应尽的礼，使得人际关系和谐，社会有秩序。

阶层性的人际关系不是人刻意创造，而是天生的，如父子、兄弟等，所以维系人伦秩序的礼仪应该也是自然产生。因此晏婴说："先王所禀于天地，以为民也，是以先王上之。"意思是说，先王继承来自天地的礼，以保护、治理百姓，所以先王崇尚礼。有礼这套规范，人类生活中各种行为得到依循，才能维持社会国家的秩序，所以"礼之可以为国久矣"。

历久弥新说名句

周景王死后,按照宗法应该由正夫人所生的世子姬敬继位。但是,周景王生前曾打算立非正夫人所生的长子姬朝为世子。因此,周王室发生激烈的王位之争,晋顷公便召集诸侯国代表一起讨论如何平息。鲁昭公二十五年,会议中晋国的赵鞅向郑国的子大叔问什么是"礼"。子大叔引用子产的话说:"夫礼,天之经也,地之义也,民之行也。"意思是说,礼是天之规范、地之准则,是天地间的道理,也就是人们应遵循的行为准则。赵鞅对此回答表示满意,并说他将终身奉行。其他诸侯国代表听了,也都表示同意。接着,赵鞅主张各诸侯国应全力支持敬王,最后晋国大夫率领诸侯国的军队,帮助敬王平定这场王位之争。

《荀子·礼论》确立了"礼之三本":"天地者,生之本也;先祖者,类之本也;君师者,治之本也。……故礼,上事天,下事地;尊先祖而隆君师,是礼之三本也。"荀子重礼,不只是形式上的规范而已,他把礼视为一种社会架构,是可以让整个社会达到圣人规范的清明政治。不同于孔、孟,荀子的思想融合了《左传》中"礼主刑辅"的观念,赋予礼更多的意涵,也扩大法的内涵,使礼和法看似对立的关系,转换成延伸的相辅相成。由此"法"与荀子的"礼",都成为个人修身的准则,扩大了儒学的范畴。

夫举无他，唯善所在，亲疏一也

名句的诞生

昔武王克商，光有天下，其兄弟之国者十有五人，姬姓¹之国者四十人，皆举亲也。夫举²无他，唯善所在，亲疏一也³。

——昭公二十八年

完全读懂名句

1. 姬姓：相传黄帝因居住在姬水，故姓"姬"。黄帝的嫡系后裔为姬姓，其他衍生出来的姓氏有：周、管、蔡、古、冯、毛、温、郭、王等姓氏。2. 举：抬举、提拔。3. 亲疏一也：亲密或是疏远都是一样。

语译：从前武王战胜商以后，他有了天下，总共封了十五个兄弟领有封国，姬姓领有封国的有四十人。他都是举拔自己的亲戚，所以推举提拔这件事情，没有别的方式，只要是推举好的，不管是推举亲密或是疏远都是一样。

名句的故事

晋国的韩宣子过世了，由魏献子执政，他把祁氏的土地分割为七个县，羊舌氏的土地分隔成三个县。在分封十县时，魏献子认为贾辛、司马乌曾经对周王室出过力，而知徐吾、赵朝、韩固、魏戊等人虽然不是嫡长子，但能尽忠职守，所以提拔他们。另外四人则因能力受众人肯定而得到举拔。

魏戊是魏献子的庶子，因此魏献子很担心别人会对他的分配有意见，于是询问成鱄："我封了一个县给魏戊，别人会不会以为我是有意偏袒自家人呢？"成鱄说："怎么会呢？魏戊的为人处处不忘记君主，也不会逼迫同事，遇到利的时候会想到义礼，在贫穷的时候会保持操守，保有战战兢兢的心，不会有过度的行为，这样的人，为什么不能给他一个县呢？"

成鱄接着引用了武王分封诸子的事情来当作例证，说明推举之道别无其他，不看亲疏，只要是优秀的人才就值得提拔。魏献子的安排不但合宜，更接近文德，相信能对社会风俗有良性的影响。

在这段叙述之后，《左传》也记载了孔子对此事的评价："近不失亲，远不失举，可谓义也。"赞美魏献子推荐人才非常合宜，既不错过亲族，也不错失值得举荐的人，由此可见当时虽然看重宗法制度，但并非毫无弹性，也重视举贤才，让人才有更多机会参与政治。

历久弥新说名句

据《世说新语·言语》记载,袁阆与出身颍川的荀慈明会面,向慈明询问颍川有哪些知名人士,慈明开口就先提了自己几位兄长的名字。袁阆听了不禁嘲笑他:"难道就因为是你的亲戚,所以是名士吗?"慈明回答道:"从前祁奚告老还乡,要举荐继任人选时,只看人是否适合这个职位,而不管那是他的儿子还是仇人,众人都认为他十分公正。周公作《文王》诗的时候,不讲述尧、舜的功德,反而赞美文王、武王的丰功伟绩,而这也是因为他爱自己的亲人。不爱自己的亲人却爱外人,这不是有悖道德吗?"

荀慈明所言,巧妙地先以"夫举无他,亲疏一也"给了袁阆一个软钉子,又以周公亲爱亲人的例子,反将了袁阆一军,一席话堵得袁阆无话可说。

愿以小人之腹，为君子之心

名句的诞生

中置自咎曰：岂将军食之，而有不足，是以再叹。及馈¹及毕，愿以小人之腹，为君子之心，属厌而已²。

——昭公二十八年

完全读懂名句

1. 馈：饮食、食物。 2. 属厌而已：只是为了吃的满足。

语译：吃到一半的时候，就自己责备自己：难道将军请吃的饭菜会不够吃吗？所以再叹一声。等到饭菜都上完了，我们愿意把小人的肚子，作为君子的心，只要刚刚好满足就好了。

名句的故事

魏戊因为不能处理一件梗阳人的诉讼案件，所以就上呈给魏献子。诉讼的一方要把女乐送给魏献子当作贿赂,魏献子也打算收下。魏戊很担心地告诉魏献子的从属大夫阎没跟女宽,他说:"魏献子是以不收受贿赂而闻名于诸侯的,这件事情您二位一定要去规劝。"于是阎没跟女宽就等在魏献子家里的庭院中,等他退朝。

后来仆人把饭菜送上来后,魏献子便邀请两人一起吃饭,在吃饭当中,阎没跟女宽一直叹气。魏献子纳闷地问他们:"吃饭应该可以忘记忧愁,为什么你们叹气叹个不停?"他们两位便异口同声说:"有人把酒赐给我们两个小人,昨天没有吃晚饭,所以饭菜刚上来的时候,我们怕不够吃,所以叹气。吃到一半想到应该不会不够吃,所以又叹了一声。"

阎没跟女宽最后说:"愿以小人之腹为君子之心,属厌而已。"意思是在提醒魏献子:"我以自己已经很饱的肚子为例,期望您的欲望也知道要满足。"魏献子听了之后,便了解到两位大夫是用这些话来劝自己不要受贿,便辞掉了梗阳人贿赂的女乐。

历久弥新说名句

"愿以小人之腹,为君子之心",后来被改成了"以小人之心,度君子之腹"而沿用下来。其中的"心"、"腹"二字被对调,并改了动词为"度"。前者是指:臣子以自己已饱之腹为例,期望君王的欲望也有满足之时;后者是用来比喻小人用狭隘的心态去猜想君子光明磊落的心地。

这两句话截然不同，而原句的意思反而渐被人遗忘。也许我们可以从《世说新语·雅量》中看出中间的转换过程。当时有个叫刘庆孙的人，喜欢设计陷害他人，只有庾子嵩不理睬这些事情，且也没有事情可让他毁谤。刘庆孙知道庾子嵩很节俭但家境富有，于是便怂恿太傅跟庾子嵩借钱。刘庆孙希望庾子嵩能拒绝太傅，以便有机可乘。有一天，太傅当众人面问庾子嵩要钱，庾子嵩当时喝醉了，但仍不慌不忙地回答："下官家里约有两三千万，随便您来拿。"因此刘庆孙便无话可说，后来有人向庾子嵩说起这件事的始末，庾子嵩说："可谓以小人之虑，度君子之心。"这或许是我们今天常说"以小人之心，度君子之腹"的前身。

夫物，物有其官，官修其方，朝夕思之

名句的诞生

夫物，物有其官，官修其方[1]，朝夕思之。一旦失职，则死及之。失官不食。官宿其业，其物乃至。若泯弃之，物乃坻[2]伏，郁湮不育[3]。

——昭公二十九年

完全读懂名句

1. 官修其方：官员能够不断修治管理的方法。2. 坻：止。3. 郁湮不育：滞留而不生长。

语译：凡是世间上的事物都有管理它的官吏。官吏每天早晚都不断思考，调整他的管理方法。一旦失职，就会丢掉性命。丢掉官职，当然就没有公家的俸禄。官吏认真做着他的工作，像龙这般的灵物才会到来。如果被弃，那么灵物就会隐藏起来，不再生长。

名句的故事

晋顷公十三年秋天，据说在晋国都城的郊外发现了龙。执政大臣魏献子便问史官蔡墨说："我曾听说龙是所有动物中最有智慧的，因为它不会被人活捉，真的是这样吗？"蔡墨则回答："其实是人没有智慧，不是龙有智慧。古代有豢龙氏、御龙氏负责养龙，他们懂得根据龙的嗜好来喂养它们，于是龙也喜欢聚集到他们那边。在帝舜时代，世世代代都有养龙的人；到了有夏孔甲，因为顺服天帝，所以天帝甚至还赐了驾车的龙。"

这答复勾起魏献子的好奇心，问道："为什么现在没有龙？"于是蔡墨点出"物有其官"的道理，说明若官无法尽本分，灵物就会隐藏不生长。例如五行有五官，而龙是属于水生的动物，但因为水官被废弃了，便不能再捉到活的龙。蔡墨又举《周易》中的"潜龙勿用"、"见龙在田"、"飞龙在天"、"亢龙有悔"等词为例，认为当时必定真的有龙存在，不然人们怎会留下这样的描述呢？

魏献子担任晋国的执政大臣时，晋国政治已走向下坡，蔡墨所言"官宿其业，其物乃至。若泯弃之，物乃坻伏，郁湮不育"，其实也隐约点出了当时的政治情势。

历久弥新说名句

蔡墨借由龙的显现来说明如何保护国家社稷，换言之，即是要官吏各司其职，只要做官者把工作做好，就能够富国强兵。其以《周易》的爻辞来劝谏魏献子善尽自己的职责，要能屈能伸，把自己的才能展现出来，大力改革；等到功成名就，该退出时便要舍得放下。其中"物有其官"说明春秋时代对重要"物"的重视，会设立专门的官职。在《尚书·尧典》中："乃命羲、和，钦若昊天，历象日月星辰，敬授人时。"尧帝命令羲氏、和氏观测天上日月星辰的运行，制定历法，并要求他们谨慎教导人民利用天时，注意季节、时令的变化。相传羲氏、和氏自黄帝起便世代掌管天文、历法，地位崇高，有自己的封邑。

然而，据《尚书·胤征》记载，羲、和氏两大家族到了夏朝太康之后，沉湎于酒而荒废了推算历数、观测天象的正务，导致历法混乱，百姓惊慌失措。太康之弟仲康即位后，派出胤国国君至羲、和氏的封邑讨伐，以当时"先时者杀无赦，不及时者杀无赦"（意即订定历法的人，犯了时序节令先后之差则罪无可赦）的法律，将主司历法者诛杀，又告诫羲、和氏家族其他人，务必舍弃过去与羲、和氏相从沾染的恶习，改过自新，一切便既往不咎。由羲、和氏之例，也正好证明《左传》中蔡墨所言"一旦失职，则死及之"的可怕后果。

礼也者,小事大、大字小之谓

名句的诞生

礼也者,小事大、大字[1]小之谓。事大在共其时命,字小在恤[2]其所无。以敝邑居大国之间,共其职贡,与其备御不虞之患,岂忘共命?

——昭公三十年

完全读懂名句

1. 字:抚育。2. 恤:怜悯、体恤。

语译:礼这件事是指小国事奉大国、大国扶养小国。事奉大国在随时恭敬领受他的命令;扶养小国在怜悯他所没有的事物。由于敝国在大国的中间,随时需要供应它所需要的贡品,还有预备临时的事情,我们怎么敢忘记执行吊丧送礼的礼节?

名句的故事

　　鲁昭公三十年夏天，晋顷公去世。依照礼制，诸侯的丧事应由士来吊唁，由大夫来送葬，至少要有两人前来赴丧。然而郑国竟只有大夫游吉（子大叔）一个人前来吊唁、送葬。对此，晋国执政大臣魏献子极为不悦，于是派士景伯质问游吉，为什么只有他独自前来。

　　游吉回答："诸侯之所以归附晋国，是因为贵国重视礼的关系。"先为晋国带上"礼"的大帽子，再说明"礼也者，小事大，大字小之谓"——小国事奉大国、大国抚育小国就是礼。小国对大国的常礼有所增加时，大国会嘉许小国。但反之，若小国的礼有所不足，大国也能体恤，不会加以责备。因为大国明白小国的忠诚，只要大体具备，就算是礼的表现了。

　　游吉更举了过去的例子，说："若是敝国安定时，晋国有丧，先君也曾亲自前来送葬。周灵王病逝，隔年治丧时，敝国的君主简公恰好在楚国，执政大臣子展必须守国，只好派少卿前往。天子的官吏并没有因此责备郑国，这是因为周天子体恤小国。郑国没有忘记身为小国的礼数，但也要请晋国体恤敝国国君尚幼，无法依隆重的礼节前来送葬。而按简省的礼节，身为大夫的我已经前来，也请大夫明察啊！"

　　由于这番话说得滴水不漏，先推崇晋国重礼，郑国因此依附；又说大国应体察小国的困难，更举了周灵王过世时的例子佐证，使得前来质问的士景伯哑口无言，没有办法再责问游吉。

历久弥新说名句

周朝实行封建制度，不同阶级的人有不同的行为规范，不可逾越。一个人的行为唯有符合他的身份，这样才能合于礼。虽然礼界定了上下尊卑各阶层的对应关系，但是这种关系并不会也不应该造成分裂、争斗的情况。相反的，礼是以敬、让为内涵，例如：礼的内涵是晚辈事奉长辈、年长者要抚育幼小者，这也是《礼记·礼运》所说："人不独亲其亲，不独子其子，使老有所终，壮有所用，幼有所长，鳏寡孤独废疾者，皆有所养。"由敬而让的提倡，我们可以了解依礼而建立的人际关系，不是冷冰冰的互不相关，更不是互相夸善、互相争权的斗争，而是互敬、互让、互恕。换句话说，在礼的世界中，人与人之间，彼此真诚以"人"互相看待，互助合作，便能拥有和平大同的领域。

名之不可不慎也如是：
夫有所有名而不如其已

名句的诞生

君子曰："名¹之不可不慎也如是：夫有所有名²而不如其已³。以地叛，虽贱，必书地，以名其人。终为不义，弗可灭已⁴。"

——昭公三十一年

完全读懂名句

1. 名：名声。2. 夫有所有名：有时有名。3. 而不如其已：有名尚不如无名。4. 已：表示确定的语气。

语译：君子说："名声不可不慎重的道理就像这样：有时有名还不如无名。带着领地背叛国家，即使这个人身份低贱，也一定要记载地名，以此来记载这个人，最后使这样不义的行为，不被抹灭。"

名句的故事

鲁昭公三十一年,邾国(今山东省境内一个先秦古国,当时仅次于齐、鲁的国家,故址于今邹城市附近)的大夫黑肱,偷偷带着邾国的领地滥邑(今山东省滕州市东南)来投奔鲁国。这个人身份卑微,但《春秋》却记载了他的名字,这是由于重视土地的缘故。

君子评论这件事说:"名之不可不慎也如是:夫有所有名而不如其已。"因此,君子一举一动都应该想着礼,做事要想着义,不做贪图利益而违背礼的事情,不做不合道义而内疚的事情。"或求名而不得,或欲盖而名章(彰),惩不义也。"有的人终日想求名却无法如愿、得不到记载,有的人想掩饰其不义,如黑肱以为偷偷做这件事没人知晓,史册却反而将他的名字大书特书地记下一笔,这是对不义的惩罚。成语"欲盖弥彰"或作"欲盖弥章"即是由此而来。

不仅带着领地叛逃的黑肱会被书写其名,即使齐豹贵为卫国大司寇、世袭大夫,他做了不义之事,同样没有例外地被记载为"盗"。以上这两件事,就是在惩罚肆无忌惮的行为,斥责贪婪不义之徒。

由此可见,《春秋》一书叙述史事,文笔隐微而意义显著,委婉而清楚分辨。上位者若能宣扬《春秋》大义,可使好人得到鼓励,恶人有所戒惧,因此后世都很重视《春秋》。

历久弥新说名句

如故事中所言，一个人出名有两种情况，一种是出美名，另一种则是出恶名。出恶名，便是"恶名昭彰"、"声名狼籍"。这种名不如不要。人若想出名，应该出美名，如此方能"名垂青史"、"流芳百世"。

《三国志·魏书·后妃传·文德郭皇后》中记载：甄后过世后，魏文帝曹丕想要改立文德郭皇后，中郎栈潜得知后，立即上疏表示，历代帝王治理天下时，都是由于外有贤明大臣的辅佐，内又有贤慧的皇后相助，才有办法平息乱象，让国家兴盛。如嫘祖婚配黄帝，娥皇和女英下嫁给舜，"并以贤明，流芳上世"。意即这些后妃是以贤慧的美名流传后世的。反观，夏桀因为宠爱妹喜，为政暴虐无道，商纣王也因宠爱妲己，最后都招致国家灭亡。由前人例子来看，立皇后一定要格外谨慎，除了考虑身家背景，更要选择一个品德贤淑、有管理好后宫才能的人，帝王才能专心治理天下。由此后人就用"流芳百世"来形容好名声被后世所颂扬。

社稷无常奉，君臣无常位，自古以然

名句的诞生

鲁君世从其失[1]，季氏[2]世修其勤，民忘君矣。虽死于外，其谁矜[3]之？社稷[4]无常奉，君臣无常位，自古以然[5]。

——昭公三十二年

完全读懂名句

1. 从其失："从"读为纵，放纵。"失"读为佚，安逸。
2. 季氏：鲁国世族公卿。3. 矜：怜惜。4. 社稷：社，土地神；稷，五谷神。主祀社稷乃国君之象征。5. 以然：已然，已是如此。

语译：鲁国的国君世世代代放纵安逸，季氏却世世代代勤恳奋勉，百姓已经忘记他们的国君了。即使死在外面，又有谁会去怜惜他？社稷没有固定不变的祭祀者，君与臣的位置也没有稳固永恒不变的，自古以来就是如此。

名句的故事

　　鲁昭公三十二年,晋国正卿赵简子问晋国大夫史墨说,鲁国公卿季氏赶走他的国君,但百姓顺服,诸侯也亲附。现在国君鲁昭公死在外边却没有人去向季氏问罪,这是为什么?

　　史墨回答说,事物的存在有其特性,有的成双、有的成三、有的成五、有的有辅助。所以上天有三辰,地下有五行,身体有分左右,各有配偶,王有公,诸侯有卿,各自都是有辅助的。这世上有季氏,正用来辅佐鲁君,时间已经很久了。百姓会顺服他,不也是很合理的吗?鲁国的国君世世代代放纵安逸,季氏世世代代却勤恳奋勉,百姓已经忘记他们的国君了。即使凄凉地死在国外,谁会去怜惜他?"社稷无常奉,君臣无常位,自古以然。"史墨接着引《诗经·小雅·十月之交》说:"高岸为谷,深谷为陵。"高高的堤岸变成河谷,深深的河谷变为山陵,意思正是说大地尚且有变易,更何况社稷的祀奉与君臣的位置岂能永久不变?季文子、季武子、季平子三代执掌国政,当时几代鲁君都昏庸无能,故百姓只知道有季氏,不知道有鲁君,鲁君也从此失去了他们的权力,政权旁落到季氏手里。到鲁昭公已经有四代了。百姓不知道国君,怎能保得住国政?

　　基于上述分析,史墨最后说,因此身为国君要格外谨慎看待象征国家统治权的宝器和名位,不可以随便假借他人。

历久弥新说名句

《六韬·文韬》:"天下非一人之天下,乃天下人之天下也。"意思即是天下不是一家一姓的天下,而是所有百姓的天下,要国君能够行仁政爱民,百姓也才愿意爱戴国君。因此,即使国君得了天下,也不能认为天下就永远是他的,若只知纵情享乐,暴虐无道,使全国百姓陷于水深火热之中,那么,谁都有可能取而代之。

《资治通鉴·魏纪》也曾记载过类似的名言。大臣高堂隆上书魏明帝曹叡,阐述兴亡之道,他表示:上天不独独厚爱某一人或某一姓,上天只帮助有德的人。百姓若是爱戴执政者的德政,上天就会顺应百姓的意思,延长这个政权的寿命;反之,如果执政者的施政让百姓怨声载道,上天就会终结这个政权,另授予贤德能人。由此观之:"天下乃天下人之天下,非独陛下之天下也。"

树德莫如滋,去疾莫如尽

(定公元年—哀公二十七年)

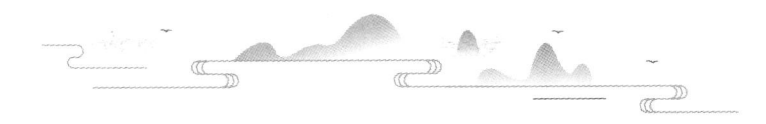

大事奸义,必有大咎

名句的诞生

将建天子,而易位以令,非义也。大事奸义,必有大咎[1]。晋不失诸侯,魏子其不免乎?

——定公元年

完全读懂名句

1. 咎:祸害。

语译:打算为天子筑城,却是超越自己的地位来发号施令,这是不合于义理的行为。在重大的事情上违背道义,必然会有大的灾难。晋国若不想失去诸侯,那么魏舒将很难幸免于难吧?

名句的故事

鲁定公元年,晋国六卿之一的魏舒与诸侯的大夫们,在狄泉这个地方会合，预备增筑周天子的城墙。按照礼法，应由周天子的臣子领导修城事宜，没想到晋国却让魏舒掌大权，主其事。对于魏舒超越自己的地位命令诸侯，卫国大夫彪傒表示，筑周天子城墙是重大的事情，魏舒"易位以令"，违反行事准则，"非义也"，并评论："大事奸义，必有大咎。"在这种重大事情上违反道义，晋国若不想失去诸侯的拥戴，魏舒恐怕就有大祸了。

后来魏舒把工作全部交给晋卿韩不信以及周大夫原寿过，自己跑去打猎，没想到被火烧伤，回来就死了。晋国的卿范献子便"去其柏椁"（春秋时代丧礼时的棺木，君王是用松椁，大夫柏椁，士杂木椁）。魏舒被撤除了柏木制的外棺，表示不把他当作卿的阶级，理由是他还没有回复使命就跑去打猎。其结果正印证了彪傒之言。

历久弥新说名句

类似"易位以令"的事例也出现在《战国策·秦策》中。《战国策》记载当时雄辩说客纵横捭阖的政治主张，以及滔滔不绝、口若悬河的游说议论。"司马错论伐蜀"便是其中的精彩的一段。

秦将司马错是司马迁的八世祖，他曾在秦惠文王时期，于朝堂上针对秦国的军事扩张与张仪进行了一场辩论。当时，秦王打算趁着巴蜀战乱，兴兵攻蜀，不料韩国却在此刻侵犯秦国。面对这个局面，秦惠王举棋不定，便让司马错与张仪各自陈述己见。

司马错主张伐蜀，张仪则认为不如伐韩，兵临周的京郊以胁迫周天子，他的论点是，"据九鼎，按图籍，挟天子以令天下，天下莫敢不听"，而攻打蜀国是"敝兵劳众，不足以成名；得其地，不足以为利"。对此司马错反驳说："不然！"他认为秦国当时仍地小民贫："今攻韩，劫天子；劫天子，恶名也，而未必利也，又有不义之名；而攻天下之所不欲，危！"劫天子不一定能号令天下，反而会有不好的名声，且是不义之举，必会引起其他国家的不满，而陷己于险境，因此不赞成这样的行为。秦惠王想想有道理，便让司马错去攻打蜀。秦国平定蜀国后，得到更多的地利与物资，为日后的富国强民奠下基础。

东汉末年爆发黄巾之乱，朝廷中外戚与宦官的斗争达到高峰，生性凶残的董卓趁虚而入，废掉少帝，改立刘协为献帝，并在洛阳实行恐怖统治。之后又"挟天子"迁都长安，东汉已名存实亡。董卓乱政引来各地割据将领的讨伐，最后遭到王允、吕布设计诛杀而死，无疑是"大事奸义，必有大咎"的写照。

树德莫如滋，去疾莫如尽

启宠纳侮，其此之谓矣

名句的诞生

薛征[1]于人，宋征于鬼，宋罪大矣。且已无辞而抑我以神，诬我也。启宠纳侮[2]，其此之谓矣。必以仲几为戮。

——定公元年

完全读懂名句

1. 征：验证、证明。2. 启宠纳侮：开启宠信反而招来侮辱。

语译：薛国用人的典故、历史当作证据，宋国用鬼神来作证明，宋国的罪过可大了。而且他们自己无话可说却拿神明来压迫我们，这就是诬赖。给予宠信反而招来侮辱，说的就是这种情况了吧。一定要严格地惩罚仲几才行。

名句的故事

晋国召集诸侯增筑成周城墙的工程，开始夯土。但是宋国大夫仲几不愿意接受工程任务，他说："滕、薛、郳三国，都是归我们管的。"意思是要这三国帮宋国去承担修城的事情。薛国的大臣说："我国常常服从宋国。但是晋文公主持了践土结盟，说：'凡是我国的同盟，各自恢复旧有的职位。'我们到底是要服从践土的盟约，或者服从宋国，都将唯命是听。"薛国其实是要晋国的主事者能给个交代，到底他们是否还要继续听从宋国的命令。

仲几强势地说："践土的盟约本来就是让你们为宋国服役的。"薛国的大臣便列举历史说："薛国的祖先奚仲住在薛地，做了夏朝的车正，后来奚仲迁居到邳地，仲虺住在薛地，做了汤的左相。如果说恢复旧有的职位，我们应该是接受天子的官位，如此一来，我们为什么还要为诸侯服役？"仲几仍然坚持薛国应该要为宋国服役。

这时晋国大夫士弥牟出面对仲几说："晋国的执政者是新人，您姑且先接受工程任务，等我回去查看一下旧档案。"因为晋国新的主事者范献子才刚代替意外身亡的魏舒，所以很多事情还不是十分了解。

仲几说："即使您忘了，山川的鬼神难道会忘记吗？"士弥牟于是发怒，对韩简子说："启宠纳侮，其此之谓矣。必以仲几为戮。"就抓了仲几回国，不久后再把他送到京师。

🌀 历久弥新说名句

"启宠纳侮"一词原出自《尚书》。明代万历十七年，大理寺评事雒于仁写了《酒色财气四箴疏》奏疏。他认为皇帝身体不好、经常不上朝的原因就在于"酒色财气"的不良影响。其中《色箴》有言："艳彼妖姬，寝兴在侧，启宠纳侮，争妍误国。"据说万历皇帝看到后非常生气，恨不得要把雒于仁碎尸万段。不过还好有宰相申时行的劝说，最后只把他撤职以示惩戒。

"启宠纳侮"的意思相当于现在常说的"得寸进尺"、"得陇望蜀"、"得了便宜还卖乖"等意思。其中"得陇望蜀"的典故出自于东汉时期，刘秀带兵反王莽，他告诉他的大将："人苦不知足，既平陇，复望蜀。"意思是说，人心总是苦于不能知足啊！攻下陇西，又盼望能进军西蜀。后来刘秀真的收回陇西跟西蜀，并一统天下，恢复了汉室政权，完成"光武中兴"的大业。而他说的"既平陇，复望蜀"这句话，演变成"得陇望蜀"成语，并带有贬义，比喻贪得无厌，不知道满足。

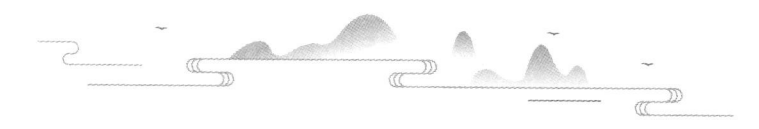

困兽犹斗，况人乎

名句的诞生

夫概王[1]曰："困兽犹斗，况人乎？若知不免而致死[2]，必败我。若使先济者知免[3]，后者慕之，蔑[4]有斗心矣。半济而后可击也。"从之，又败之。

——定公四年

完全读懂名句

1. 夫概王：吴国国君阖庐之弟。2. 致死：拼命。3. 知免：知道可以逃脱。4. 蔑：没有。

语译：吴王阖庐的弟弟夫概王说："被围困的野兽都还要争斗一番，何况是人呢？如果明知不免一死而拼命求活，必然会打败我们。如果让他们先渡河的人感到有逃脱的机会，后面渡河的人便会羡慕他们，那就丧失斗志了。然后等渡河的人过半发动攻击。"听从他的建议，又一次击败楚军。

树德莫如滋，去疾莫如尽

名句的故事

鲁定公四年，吴、楚两国军队在柏举（楚国地名，在今湖北麻城东北）展开对峙。吴王阖庐的弟弟夫概王清晨向阖庐请示，由于楚国的令尹子常不仁，他的部下没有拼死的决心，吴军若能先发动攻势，楚国士兵一定奔逃，吴国大军继续追击他们，必然得胜，但是阖庐不答应。夫概王又说："所谓'臣义而行，不待命'者，其此之谓也。今日我死，楚可入也。"意思是说，所谓"臣下合于道义就去做，不等待命令"，就是他们当下的情况吧。夫概王打算不顾吴王的意见，拼死作战，向楚国郢都攻进。

夫概王带着五千名手下抢先攻击子常的士兵，楚军果然大乱，吴军得胜，一路追赶到清发河边（即涢水，今湖北安陆），继续攻打楚军。夫概王此时说："困兽犹斗，况人乎？"比喻打仗欲取得胜利，须冷静审度时势，耐心等待最适当的时机才发动攻击，并非一味把人逼上绝路，如此反而会点燃敌军反扑的决心。于是他吩咐部下，要等到敌军一半的人都渡了河，使后渡河的士兵羡慕前者有逃脱免死的机会，松懈他们的斗志后，方可展开攻势。属下听从了夫概王的话，吴军果然又一次大败楚军。之后经过五次战斗，吴军屡屡得胜，最终抵达楚国国都郢城。

韩席筹编注《左传分国集注·卷十二秦吴越吴之入郢》，形容夫概王："揣摩敌情入微，临事而惧，好谋而成，夫概王亦知勇兼备人也。"此言不假。一方面，夫概王正是由于"揣摩敌情入微"，才会知道楚国令尹子常平日待人不仁，其部下并没有决一死战的斗志，才能坚持"臣义而行，不待命"的态度，如此依义而行，将国家利益置于个人生死之上，使得战事一开始即取得高度的正当性，预示了胜利；另一方面，夫概王具备了"临事而惧，好谋而成"的谨慎性格，善于谋略，明白"困兽犹斗，况人乎"之理，堪称有勇有谋，审度局势再精准出手，岂有不胜之理。

历久弥新说名句

据《史记·项羽本纪》记载，秦二世三年，秦国大军攻打赵国，以重兵包围巨鹿。

赵国连夜向楚怀王求救，怀王于是派宋义为上将军，项羽为次将，带兵前去解围。宋义听闻秦军强大，心生畏惧，军队走到安阳便突然停止不前，停了四十六天。项羽按捺不住质问宋义："现在秦军包围巨鹿，我们应当加速引兵渡河，与赵军里应外合，一同打败秦军，怎能停留在此？"宋义反驳说："不是这样的，如果秦军打败赵军，我们就可以趁秦军疲惫时攻打他们，可是如果赵军能打败秦军，也用不着我们去解围了。冲锋陷阵你比较懂，但策划谋略你未必比我行。"此时，巨鹿已危在旦夕，宋义却依旧按兵不动。项羽盛怒之下杀了宋义，挥师渡河。

过河之后，项羽下令凿沉所有渡河的船，打碎所有做饭用的锅，烧毁邻近的房舍，每名士兵只带三天的干粮，表示背水一战的决心。项羽率军在巨鹿城下与秦军大战九回，秦军大败，解决了赵国的危难。此即是历史上有名的"巨鹿之战"，也是"破釜沉舟"的典故出处。

项羽带领士兵，展现有进无退的气势，因而激励了军心，取得胜利。"困兽犹斗"和"破釜沉舟"相似，都是形容人被逼到绝境所激发出奋勇向前的强烈求生意志。

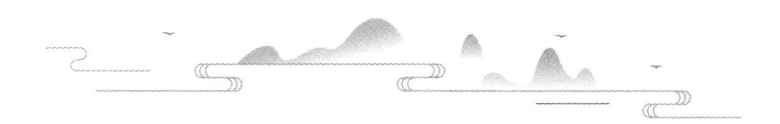

子能复之，我必能兴之

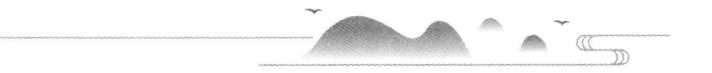

名句的诞生

初，伍员与申包胥友。其亡也，谓申包胥曰："我必复¹楚国！"申包胥曰："勉之！子能复之，我必能兴之。"

——定公四年

完全读懂名句

1. 复：通"覆"，颠覆。

语译：当初，伍子胥和申包胥是好朋友。伍子胥逃亡之时，对申包胥说："我一定会颠覆楚国。"申包胥说："尽力去做吧！你能颠覆它，我必定能复兴它。"

名句的故事

鲁昭公十九年，楚平王即位后，派伍子胥的父亲伍奢当太子建的师傅，费无极做少师。太子建不喜欢费无极这个人，费无极于是向楚平王诬陷太子，假意说要为太子在秦国行聘，却劝楚平王自己娶这个美貌的女子。

　　后来费无极又对楚平王进谗，说太子建和伍奢打算背叛楚国。楚平王相信了这些话，质问伍奢，伍奢表示，君王有了一次过错已经很严重了，为什么还要听信诬陷之言？楚平王逮捕了伍奢且派人去杀太子。费无极又对楚平王说，伍奢的儿子有才能，如果在外必留后患，何不用赦免他们父亲的名义将他们召回？他们孝顺友爱，定会回来。楚平王于是派人召他们回来。伍尚对弟弟伍子胥说："你去吴国，我回去赴死。我的才智不如你，我能够死，你能够报仇。现在听到赦免父亲的命令，不能没有人赶回去；亲人被杀戮，此仇不能不报。回去与父亲一同赴难是孝，考虑报仇成败而后行动是仁，选择报仇前往吴国是智，明知要死而赶赴回去是勇。伍家名誉不能废弃，你要努力！你我各有抉择，别相互勉强。"

　　伍尚于是选择回去与父亲一同被处死，伍子胥则展开逃亡，路上遇到友人也是楚国大夫的申包胥，伍子胥对他说："我必颠覆楚国！"申包胥说："好好努力吧！你能颠覆楚国，我一定让它复兴。"反映出看着角色的不同，有各自应尽的责任。对伍子胥而言"必复楚国"，因楚王与他有杀父之仇；而申包胥要伍子胥勉力去做，是出自好友立场的激励，但对申包胥来讲，楚王是他效忠的君王，即使伍子胥倾覆了楚国，申包胥也必定要复兴它。

历久弥新说名句

《史记·管晏列传》记载管子与鲍叔牙各为其主，却不妨碍彼此的友谊。管仲与鲍叔牙同为齐僖公的臣子，管仲是公子纠的老师，鲍叔牙为公子小白的老师。齐僖公死后，长子诸儿继位为齐襄公。由于齐襄公荒淫无道，齐国即将爆发内乱，鲍叔牙于是先带公子小白到莒国，管仲也带着公子纠逃至鲁国避难。不久，齐襄公被杀，管仲请鲁国派兵护送公子纠回齐国，自己跑去追击公子小白，当他赶上公子小白时，朝对方射了一箭，但这一箭不偏不倚刚好射中带钩。公子小白机警，当下装死倒在车上，待管仲离开后赶紧抄捷径回国即位。

公子小白即位，为齐桓公，他原打算拜鲍叔牙为相，鲍叔牙不愿接受还说自己各方面的能力都不及管仲，甚至认为桓公若要称霸天下，非用管仲不可。桓公起初不解，自己差点就死在管仲箭下，怎能用仇人为相？鲍叔牙回答："那是管仲为其主，不能怪他。"在深明大义的鲍叔牙极力劝说下，桓公终于答应任用管仲为相。齐国正是在管仲杰出的辅佐下，蒸蒸日上，桓公也成为一代霸主，天下因此安定长达四十多年。

树德莫如滋，去疾莫如尽

人各有能有不能

名句的诞生

子西¹曰："不能²,如辞³。城不知高厚,小大何知?"对⁴曰："固辞不能,子使余也。人各有能有不能。王遇盗于云中,余受其戈,其所⁵犹在。"

——定公五年

完全读懂名句

1. 子西:楚公子申,楚平王的庶长子。2. 不能:没有能力处理。3. 如辞:应当推辞不做。4. 对:对话者为王孙由于,亦称吴由于。楚国王族。5. 其所:那为国君挡戈留下的伤痕。

语译:子西说:"你没有能力处理,当初就应当辞掉这个任务。筑城却不知城墙的高度和厚度,这样要怎么知道城池的大小?"由于回答:"我本来就说我办不到,是您非让我这么做的。人各有做得到和做不到的事。国君在云中碰上强盗时,我挡住强盗的戈，那受伤处还在这里。"

名句的故事

鲁定公五年楚昭王回到郢都，《左传》借由战事结束后对几件事的记载，描述楚昭王的胸襟宽大，同时也突显了楚国大臣忠义坚贞。例如楚昭王在楚公子子西的劝说下，不但不杀逃难时只顾妻儿、不给君王船只渡河的蓝尹亹，还让他恢复原官职，以此表示悔改对旧怨耿耿于怀的过错。又譬如申包胥乞师于秦，是为了拯救自己的国家，不是为了个人，坚决不受楚昭王的赏赐。

而在楚昭王逃难到随国的时候，子西仿制了楚王的车马和服饰，用以聚集、保护溃散在路上的人，并建立了国都。当他探听到楚昭王的下落，便赶去追随。楚昭王派王孙由于在麋地（楚国地名，今湖北郧县西）筑城，任务完成后，由于回来复命。

子西向由于询问细节，筑完的城墙有多高？墙又有多厚？没想到由于竟一问三不知，因而引起子西不悦，质问由于：既然能力不足，之前为何不拒绝？由于则以"人各有能有不能"答复，甚至脱下衣服，露出背上的旧伤表示，建立国都、召集流亡之人，这和筑城一样，是子西能做的事，但对他来说是做不到的；然而当楚昭王遇上强盗时，他能以身挡戈保护好君王，子西未必能做到。

由于的这番话，展现出子西和他两人不同的性格与才能，同时也说明了"人各有能有不能"的道理。

历久弥新说名句

西汉刘向编撰的《说苑·杂言》里，记载这么一则故事：甘戊出使齐国，走到大河边，无法前行，只好求助于船夫。船夫笑他："连河都没有本事渡得了，又如何能游说齐王呢？"甘戊则反驳："物各有短长，老实的人可辅佐君王，却不能带兵打仗；千里马日行千里，但要它在室内捕鼠，还远不如一只小猫有用；宝剑干将乃天下至宝，但若让木匠拿去砍木头的话，它连斧头都不如。这道理好比你我，要说在江上行船渡河，我的确比不上你，但要出使各国，游说君王，你也是比不上我的。"船夫听了之后心悦诚服，请甘戊上船，送他过河。

"物各有短长"、"人各有能有不能"，天地万物本来就有自己的特性，如同人有各自擅长的事，又何须相互嘲笑或欣羡？

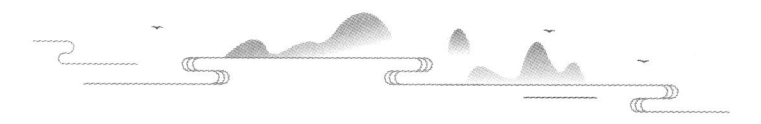

尤人而效之，非礼也

名句的诞生

公叔文子老矣，辇[1]而如[2]公，曰："尤[3]人而效之，非礼也。昭公之难，君将以文之舒鼎[4]，成之昭兆[5]，定之鞶鉴[6]，苟[7]可以纳之，择用一焉，公子与二三臣之子，诸侯苟忧之，将以为之质[8]，此群臣之所闻也，今将以小忿蒙[9]旧德，无乃不可乎？大姒之子，惟周公、康叔为相睦[10]也，而效小人以弃之，不亦诬[11]乎？"

——定公六年

完全读懂名句

1. 辇：以人力推拉的车。2. 如：往、至。3. 尤：责怪。4. 舒鼎：鼎名。鼎是古代用来烹煮食物的金属器具。5. 昭兆：宝龟。6. 鞶鉴：古代以铜镜为饰的皮带。7. 苟：如果。8. 质：人质。9. 蒙：掩盖。10. 惟周公、康叔为相睦：鲁国祖先周公跟卫国祖先康叔是兄弟，感情和睦。惟，发语词，无义。11. 诬：欺骗、蒙骗。

语译：已经退休的公叔文子坐人力推拉的车去找卫灵公，说："责备他人有过失，却又效法他，这是不合于礼的。当鲁昭公遭到危难时，您曾经要让帮助昭公回国的人，从文公的舒鼎、成公的宝龟、定公的革带中，选择一样作为奖赏，且若诸侯有疑虑，卫公子与几位臣子之子也可以作为人质，这件事是众臣都听到的。如今因一点愤怒就要掩盖过去的恩德，不是很恰当吧？大姒的儿子们，就周公、康叔感情和睦，现在若效法阳虎这个小人而失去彼此之间的感情，那不是就像被蒙骗一样吗？"

名句的故事

鲁定公六年二月时，定公派兵袭击郑国，去的时候没有跟卫国借路，等到回来时，鲁国权臣阳虎故意迫使鲁世卿季桓子与孟懿子自卫国出入，想要让他们得罪卫国。果然，卫灵公被这个无礼的行为所激怒，派宠幸的臣子弥子瑕去追击鲁军。

卫国已经退休的大臣公叔文子知道这件事之后，明白是阳虎在背后挑拨，赶紧去向卫灵公提出谏言："卫、鲁两国祖先曾是感情甚笃的兄弟，之前鲁昭公被国中大夫季氏驱逐出国时，国君您也曾不惜以宝物甚至愿以自己的公子当人质来帮助鲁昭公。卫国跟鲁国本来有着良好的关系，如果因为一时的愤怒破坏两国情谊，那不是就被阳虎这小人给骗了吗？"卫灵公听了公叔文子的话，觉得有道理，公叔文子眼见卫灵公似乎被说动了，只是气还没消，又说："阳虎恶贯满盈的一天一定会来临。您就暂时等待一下吧!"

最后,卫灵公收回了出兵的命令。

历久弥新说名句

晋公子重耳因国乱逃亡他国,历经十九年艰苦与波折,介之推一直忠心追随。《韩诗外传》中记载,在绝粮时,介之推甚至偷偷割下自己的大腿肉给重耳吃。

之后重耳即位(是为晋文公),一些之前陪重耳流亡的臣子纷纷向重耳邀功,重耳也依照每个人的功绩一一封赏,却漏掉了介之推,而介之推也未向重耳提起过去的功劳。介之推的母亲问:"你何不跟其他人一样去跟君上求官呢?"介之推回答:"尤而效之,罪又甚焉。"意思是,我责怪、鄙视那些去求赏的人,但我自己却做一样的事,那罪过是更大的啊!介母又说:"不求官的话,你也应该让国君知道你的事情吧?"介之推还是不愿意去标榜自己的功劳。之后介之推的母亲就跟着他一起隐居起来了。当重耳想起来并知道这件事后,已经找寻不到介之推。也有一说,重耳为了逼出介之推而放火烧山,但介之推打定主意不愿见重耳,宁死也不出山,最后,在山中找到了介之推与母亲被烧死的尸体。重耳后悔伤心,虽然介之推已经不在,还是将其隐居的地方封给介之推,用以提醒自己的过失,并表扬这个忠诚、品行高洁的臣子。

"尤人而效之,非礼也",谴责某种行为,自己却又做出一样的事，是更不应该的。指责他人作弊，自己就不应该作弊，既然已经知道是不好的事，就不该去做，否则便是背离自己的是非之心与原则。

现在使用的成语"群起效尤"、"起而效尤"便是出自《左传》，意思是大众纷纷仿效。但要注意"效尤"乃是贬意的用法，专指模仿不好的事情，要小心不要误用。

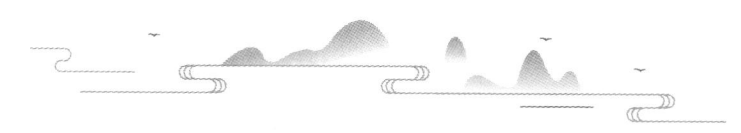

三折肱知为良医

名句的诞生

二子¹将伐公。齐高强²曰："三折肱知为良医³。唯伐君为不可，民弗与也。我以伐君在此矣。"

——定公十三年

完全读懂名句

1. 二子：指范吉射、中行荀寅。两人皆为晋国六卿之一。2. 齐高强：字子良。本为齐国宗族，鲁昭公十年出奔到鲁国，后来又到晋国。3. 三折肱知为良医：肱，胳膊。此句乃古人常用语，类似今天说的久病成良医。比喻对某件事有丰富阅历，自然造诣精深。

语译：范吉射、中行荀寅这两人打算攻打晋侯。齐国来的高强说："久病成良医。惟有攻打国君是不行的，百姓不会赞同。我正是因为攻打国君所以才待在这里的。"

名句的故事

鲁定公十三年，晋国内部开始出现一些矛盾，《左传》对这些事记载得颇为清楚详细，大致勾勒出后来三家分晋的轮廓。

首先是晋国六卿之一赵鞅，与晋国大夫邯郸午之间发生的矛盾，引发范氏、中行氏攻打赵氏，赵鞅出奔晋阳（晋国邑名。赵鞅的采邑，在今山西太原西南）。其次为五子，即范氏侧室所生之子范皋夷、晋国大夫梁婴父、知文子、韩简子、魏襄子五人与范氏、中行氏的矛盾，引发跟随晋定公的知、韩、魏三家攻打范氏、中行氏。

而后，范氏、中行氏不听高强"三折肱知为良医。唯伐君为不可，民弗与也"的劝阻，意指多次折断胳膊的经验，固然可以使人懂得自行医治的方式，然而，欲以同理去讨伐君主却行不通，因为老百姓不会答应。不过，范氏、中行氏仍执意举兵攻打晋定公，结果招致晋国人与三家共同攻打范氏、中行氏，两人奔逃至朝歌（本为卫国都城。在今河南淇县）。最后，由于韩简子与魏襄子的请求，赵鞅得以重返绛都，与晋定公盟誓。

历久弥新说名句

"三折肱知为良医。唯伐君为不可，民弗与也。"故事的原意本来是用"三折肱知为良医"来对比"不可伐君，民弗与也"。

不过，后世使用时常单取"三折肱知为良医"，意指一个人虽然面临许多挫折，但只要肯努力反省学习，累积次数多了，也有可能从中领悟些什么，最终取得成功。与原文用在否定场合稍有不同。

宋黄庭坚有一首诗《寄黄几复》，作于宋神宗元丰八年（公元 1085 年），当时黄庭坚在山东德州德平镇，少时同乡好友黄几复在广东四会县任县令，两人已有十年没见面了。黄庭坚作此诗表达对好友的思念，诗中提到："持家但有四立壁，治病不蕲三折肱。"意指好友虽然家计艰难，但凭其才能不用像历经三折肱的良医，不必多次遭黜也能成为国家的良臣，施展抱负，医治百姓疾苦。

黄庭坚借诗句勉励老友黄几复，肯定其才华浑然天成，并不需要太多磨炼即养成。诗人以反用典故的方式援引了"三折肱知为良医"，笔下也流露出为老友的多舛仕途暗抱不平之意。

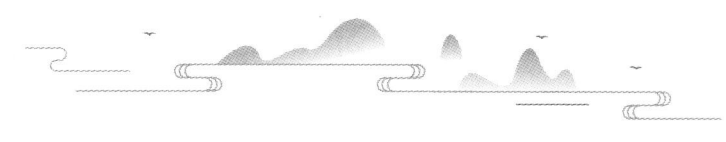

富而不骄者鲜，骄而不亡者，未之有也

名句的诞生

史鳅[1]曰："无害。子臣，可以免。富而能臣，必免于难。上下同之。戍[2]也骄，其亡乎。富而不骄者鲜[3]，吾唯子之见。骄而不亡者，未之有也。戍必与焉。"

——定公十三年

完全读懂名句

1. 史鳅：字子鱼，又称史鱼，卫国大夫。2. 戍：指公叔戍，公叔文子的儿子。3. 鲜：少。

语译：史鳅说："不要紧。因为公叔文子你始终谨守臣子的礼节，可以避开祸害。富有却能保持为人臣子的礼节，就能免于遭致祸害。不管身份尊卑都适用这个道理。但是你的儿子戍很骄傲，恐怕以后要败亡吧！富有却不骄傲的人很少，我只有看到你是这样。骄傲而不败亡的，在这世上还没有过。戍一定是其中一位。"

名句的故事

公叔文子跟史鳅都是春秋时代的名人，《论语·卫灵公》曾记载孔子对史鳅的评价："直哉，史鱼。邦有道如矢（箭），邦无道如矢。"意思是说，为人正直的史鱼，不论政治清明或黑暗，他都像箭一样耿直。也因为史鱼是这样正直的人，所以公叔文子才会去请教他的意见。

在《左传·定公十三年》的这段记载中，富有的公叔文子邀请君王卫灵公参加他的豪华家宴，但话才出口，他便觉得不妥，于是去请教史鳅该怎么办才好。史鳅告诉他，只要能秉持"富而不骄"的态度，就能免于灾祸，但也提醒他，他的儿子戍十分骄傲，日后恐怕会引来杀身之祸。果然公叔文子过世之后，卫灵公就因为戍又有钱又骄傲，而开始讨厌他。后来因为公叔戍打算铲除掉卫灵公夫人的党羽，于是夫人跟卫灵公进谗言："公叔戍打算造反。"卫灵公便借机驱逐公叔戍，戍只好仓皇逃到鲁国去。

北宋司马光在《训俭示康》里引公叔文子的例子，来说明奢侈将导致身败名裂。他说："君子多欲则贪慕富贵，枉道速祸；小人多欲则多求妄用，败家丧身。"并说"以侈自败者，不可遍数"。这也印证了史鳅说的"富而不骄者鲜"、"骄而不亡者，未之有也。"

历久弥新说名句

　　是富贵会招致祸害，还是骄傲的态度教人反感呢？《论语·学而》中，子贡问孔子："贫而无谄，富而无骄，何如？"意思是说，贫穷时不谄媚、不低声下气；富贵时不骄傲，这样可以吗？孔子回答："可也，未若贫而乐，富而好礼者也。"认为这比不上贫穷时能知足快乐，富有时仍能保持良好的礼节。子贡理财有成，是历史上知名的富豪，因此他对于财富的关心自然比其他弟子来得多。但子贡的境界也只能像公叔文子一样"富而不骄"。孔子则希望子贡能做到"富而好礼"，这里的"礼"指的是更谦卑、对人更为恭敬的态度。

　　西方的苏格拉底说："纵使富有的人以其财富自傲，但在他还不知道如何使用他的财富以前，别去夸赞他。"富有不是罪过，但对待财富若没有秉持"无骄"、"有礼"的态度就会招来祸患。这样的道理，古今中外皆适用。

树德莫如滋，去疾莫如尽

名句的诞生

越子以甲楯[1]五千保于会稽[2]，使大夫种[3]因吴大宰嚭[4]以行成[5]，吴子将许之。伍员[6]曰："不可。臣闻之：'树德莫如滋[7]，去疾莫如尽。'"

——哀公元年

完全读懂名句

1. 甲楯：在此指披甲持盾的士兵。楯，通"盾"。2. 会稽：山名，在今浙江绍兴东南。3. 种：大夫文种。4. 大宰嚭：指太宰伯嚭。5. 行成：求和。6. 伍员：字子胥。7. 滋：培养、培植。

语译：吴王夫差打败越国，越王句践带着五千个披甲持盾的士兵退守会稽山，并派大夫文种通过吴国太宰嚭求和。吴王打算答应。伍子胥说："不行。臣听说：'建树德性必须不断培育，去除祸害应当扫荡干净。'"

名句的故事

春秋晚期,吴国(约今江苏一带)与南方的越国(约今浙江一带)国势日强,双方交战频仍。鲁定公十四年,吴王阖庐(间)带兵进攻越国失利,身受重伤而死。夫差即位后励精图治,三年后入侵越国,报了杀父之仇,但夫差没有一举歼灭越国,打算答应越国求和。

伍子胥借着少康中兴夏朝的历史,欲使夫差明白"树德莫如滋,去疾莫如尽"之理。他提到:有过国的国君名叫浇,灭掉了夏朝国君夏后相,夏后相的妻子当时怀有身孕,她逃回娘家生下少康。过了二十年,少康长大之后为躲避浇的缉拿,投奔到有虞国。有虞国国君下嫁两个女儿给他,封他纶邑方圆十里的土地,壮丁五百。少康便以田一成、众一旅,开始他的复国计划,他集聚夏朝剩余的部落并分配官职,派人到浇那里做间谍,又派人诱骗浇的弟弟统治的戈国,最后灭掉有过国和戈国,复兴了夏禹的功绩。伍子胥并指出,当时的吴国比不上有过国,而越国比少康强大,如果再让越国壮大,岂不成为吴国的灾难?句践对人能施行恩惠,不忘有功者。越国和吴国国土相连又世代为仇,在这种情况下,吴国战胜越国却又让它继续存在,这是违背天意使仇敌壮大,以后即使后悔也太晚了。

历久弥新说名句

伍子胥用以劝诫吴王夫差的"树德莫如滋,去疾莫如尽"二句,出自《尚书·秦誓下》,原作"树德务滋,除恶务尽"。

《战国策·秦策三》提到,秦国有个名叫造的客卿,他对秦国相国穰侯魏冉(也就是秦昭王的舅舅)说,秦国封陶邑给穰侯,借此控制天下已经多年,如果攻打齐国能取得胜利的话,陶邑就将成为拥有万辆兵车的大国,可是若失败,陶邑就会招来祸患失去依靠,因此,攻打齐国对于陶邑而言乃存亡关键。眼下正是发动攻打齐国的大好时机,理应派人游说燕国,一同讨伐齐国。秦客卿造继而说:"树德莫如滋,除害莫如尽。"说明吴国不灭亡越国,越国就必然要灭亡吴国;齐国不灭亡燕国,燕国就必然会灭亡齐国。齐国被燕国灭亡,吴国被越国灭亡,归根究底都是除害不够彻底的缘故。不过,最后秦昭王采取范雎提出的"远交近攻"策略,使得游说结果并没有成功。

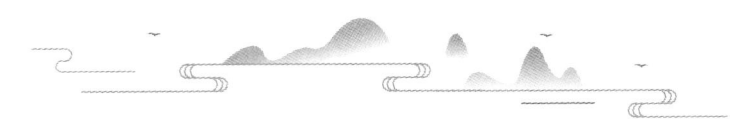

越十年生聚，而十年教训

名句的诞生

弗听。退而告人曰："越十年生聚[1]，而十年教训[2]，二十年之外，吴其为沼[3]乎！"

——哀公元年

完全读懂名句

1. 生聚：增加人口和累积财富。2. 教训：教育训练人民。3. 沼：水池，池沼。

语译：吴王夫差不愿听从。伍子胥退下去告诉别人说："越国用十年时间增加人口和累积财富，用十年时间教育训练人民，二十年以后，吴国的宫殿恐怕就要变成池沼了吧！"

名句的故事

吴王夫差在夫椒（今江苏苏州西南太湖附近）击败越军为父

阖庐报仇后，没有听从伍子胥乘胜消灭越国的诤言，而让句践夫妇和范蠡等人到吴国做吴王的臣仆。《吴越春秋》曾详述这段故事：句践住在阖庐墓旁的石房，替夫差养马、驾马，备受羞辱，他却不露愠色，三年来忍辱负重，换取了放回越国的机会。

句践回国后刻苦自励，暗中重整家国。为了警惕自己不忘深仇大恨，他与百姓同甘共苦，睡在柴草堆上，每日饮食必先尝悬挂于屋内的苦胆，成语"卧薪尝胆"即出自于此。句践实行增加人口的奖励政策，七年内不收税，与全国百姓一同过着俭朴的生活，不出几年，越国人口倍增，百姓丰衣足食。

吴越夫椒之战后，吴王夫差不听伍子胥的谏言，应验了"十年生聚，十年教训"的预言。伍子胥临死前表示，要人在他的坟墓上栽种梓树，梓树材质密致，可以做棺椁。吴国大概要灭亡了吧！三年之后，就要开始衰弱了。自满必然导致毁坏，这是自然的道理。

历久弥新说名句

"十年生聚，十年教训"说明面临挫折时若能含垢忍辱，便可兴邦复国。范雎的故事"一饭之德必偿，睚眦之怨必报"，亦为忍辱负重作出很好的解释。

司马迁在《史记·范雎蔡泽列传》里记载，范雎，字叔，魏国人，原投身在魏国大夫须贾门下做家臣。有一次随须贾出使齐国，齐襄王欣赏范雎的口才，想把他留在齐国当客卿，遂派人私下见范雎赠予黄金和酒肉，范雎坚决推辞不收黄金，只留酒肉。须贾知道后大为光火，以为范雎将魏国的情报告诉齐国因而受到馈赠，回到魏国便将此事告诉相国魏齐。魏齐大怒，对范雎严刑拷打，最后用破草席包起来扔在茅厕。那天正逢魏齐宴客，宾客们如厕时都故意往范雎身上撒尿。

之后，范雎收买守卫逃脱，逃往秦国，改名换姓为张禄，秦昭王十分赏识他，拜他为相，范雎提出"远交近攻"的策略，建议撤回攻打齐国的军队，转而进攻夹在中间的魏国和韩国。魏安僖王得知后连忙派须贾到秦国去见张禄请求议和。如此，范雎不但借机报了当年须贾陷害之仇，后来也逼得魏齐自杀。

《史记》便以"一饭之德必偿，睚眦之怨必报"形容范雎恩怨分明的性格，即使是一碗饭的恩情也必定会报答，即使是像瞪眼那样的小仇怨，也必定会报复。

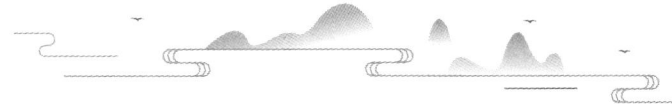

国之兴也，视民如伤，是其福也；
其亡也，以民为土芥，是其祸也

名句的诞生

臣闻："国之兴也，视民如伤[1]，是其福也；其亡也，以民为土芥[2]，是其祸也。"

——哀公元年

完全读懂名句

1. 如伤：如同受伤的人。 2. 土芥：土和草。

语译：下臣听说："国家的兴起，看待百姓如同受伤的人，唯恐有所惊扰而加以照护，这就是它的福德；它的灭亡，在于将百姓看作粪土和草芥，这就是它的灾祸。"

名句的故事

鲁哀公元年，吴国发兵侵袭陈国，这是为了清算十一年前与陈国结下的怨恨。事情是这样的：鲁定公四年，吴国联合蔡国与唐国一同攻打楚国，在柏举之役中大败楚军，进入郢都。当时吴王阖庐曾派人召见陈怀公，要陈国依附在吴国底下。陈怀公召集朝中大夫征询意见。

大夫逢滑对怀公说："国家的兴起是由于福德，它的灭亡是由于灾祸。眼下吴国没有福德，楚国没有灾祸；楚国还不能抛弃，吴国还不能跟从。"遂提出晋国是盟主，以晋国为借口而辞谢吴国的办法。怀公问说："楚国被别国战胜，国君出逃，这不是灾祸是什么呢？"逢滑回答："历经这种情况的国家太多了，为什么一定不能恢复？小国尚且能恢复，何况大国呢？"并以"国之兴也，视民如伤，是其福也；其亡也，以民为土芥，是其祸也"的道理，说明楚王虽然没有德行，但也没有杀害其百姓。吴国在战争中日益凋蔽，曝尸遍野如杂草丛生，没有见到什么德行。上天恐怕是在给楚国一个教训，灾祸距离吴国应该也不会太远。陈怀公听从了逢滑的话。之后，夫差攻下越国，侵袭陈国，即是为了清算当初与陈国结下的这个怨恨。

历久弥新说名句

"国之兴也，视民如伤，是其福也；其亡也，以民为土芥，是其祸也。"这句话说明了国家兴亡与君主如何对待百姓的态度息息相关。

《孟子·离娄下》亦有"君之视民如土芥"及"文王视民如

伤"之语。孟子告齐宣王曰："君之视臣如手足，则臣视君如腹心；君之视臣如犬马，则臣视君如国人；君之视臣如土芥，则臣视君如寇雠。"君王如果把大臣视为兄弟，那么大臣会将君王看作亲信的人；君王如果把大臣视为狗、马，那么大臣会将君王看作路人；君王如果把大臣视为粪土和草芥，那么大臣会将君王看作仇人。说明君臣关系乃是相对的。而"文王视民如伤，望道而未之见"，意思是说，周文王把已经安定的人民视同受伤的人，加以爱护，不敢劳动；追求正道，仿佛永远没有尽头，不敢自满。

　　百姓是国家的基础，上位者若欲国家长治久安，自然要以人民的福祉为优先考量。《左传》与《孟子》的思想言论影响历朝深远。明朝黄宗羲在《明夷待访录》的《原君》里，反思设立君主一职的用意，提出"古者以天下为主，君为客"对比"今也以君为主，天下为客"的情况，便是认为理想君主应以民生安乐为先。

树德莫如滋，去疾莫如尽

大美国学 左传

> 勤恤其民，而与之劳逸，
> 是以民不罢劳，死知不旷

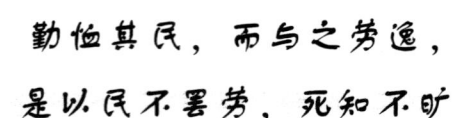

名句的诞生

子西曰："勤恤其民，而与之劳逸，是以民不罢[1]劳，死知不旷[2]。"

——哀公元年

完全读懂名句

1. 罢：通"疲"。2. 旷：空，徒然。

语译：子西说："他勤恳地体恤百姓，并与他们同甘共苦，因此百姓不感到疲劳，即使为国而死也知道不是徒然地死去。"

名句的故事

鲁哀公元年，吴军驻在陈国，楚国大夫们感到很害怕，议论纷纷。由于当年吴王阖庐战术战略运用得宜，在柏举（楚国地名，今湖北麻城东北）之役打败了楚军。之后楚昭王奔逃，因有大夫申包胥向秦国求救，于秦廷痛哭七天七夜，打动了秦哀公出兵救援，楚才免于亡国。现在楚国大夫们听说吴王阖庐的继承者比他还要厉害，莫不人心惶惶。

楚国公子子西不以为然，他认为大夫自身若能团结，就不必担忧吴国的侵袭。他还分析了过去阖庐与今日夫差在为人与治国方面的差别，指出阖庐饮食起居都很节俭，房子不盖在高坛上，器用朴实，宫室内不造楼阁，舟车没有装饰，衣服物品不尚华丽，而重实用。在国内，若发生天灾，必亲自巡视安抚孤寡之人，并供给他们所需。在军队中，煮熟的食物一定先等士兵用后才吃；如果有山珍海味，士兵也能分享。阖庐"勤恤其民，而与之劳逸，是以民不罢劳，死知不旷"，这与楚国之前的令尹子常有天壤之别，这也是吴胜楚败的原因。

如今，子西听说夫差此人贪图安逸享乐，不懂得体恤百姓，成天使唤他们，视百姓如仇人。他自己先使自己失败了，哪里能打败别人？历史果真印证子西此番观察入微之说。

历久弥新说名句

子西分析当年楚、吴的柏举之役，吴王阖庐"勤恤其民，而与之劳逸，是以民不罢劳，死知不旷"，所以吴国能成功；而"楚瓦（瓦，子常名）不仁，其臣莫有死志"，因此楚国战败。

究竟楚国令尹子常是如何不仁？鲁定公三年时，蔡昭侯带着玉佩和皮衣到楚国去献给楚昭王，子常看到玉佩和皮衣十分心动，很想据为己有，但蔡昭侯不从，子常便将蔡昭侯扣留在楚国长达三年之久。唐成公到楚国去带了骏马，子常见到很是喜欢，但唐成公不愿意将心爱的骏马赠予子常，结果唐成公同样被滞留了三年。之后，蔡昭侯与唐成公找到机会返国，立刻请求吴王阖庐出兵攻打楚国。战争初期，三国联军溯水西进，吴国大将孙武提议改走陆路，伍子胥不解问："吴国擅长水战，何以弃舟登陆？"孙武回答："兵贵神速，走敌军意想不到的路，可攻其不备；如果继续逆水行舟，延缓进军速度，楚军就能加强防备了。"不出数日，吴军抵达汉水东岸，楚昭王派遣楚国令尹子常和左司马沈尹戌前往防御。沈尹戌建议子常率楚军主力驻守汉水西岸，自己则率部分兵力北上断吴军后路，然后再共同夹击吴军。这是一计良策，但楚将武城黑跟子常说，如果等沈尹戌行动后我们才进攻，那么战功就会落在沈尹戌身上。子常一听，觉得有理，便挥师仓促渡水。孙武见状大喜，下令吴军先假意往后撤，然后伺机围剿楚军。结果楚军战败，沈尹戌战死沙场，子常弃军逃往郑国。为将如此，只图自身利益，不知勤恤士兵，如何奢求部下忠心耿耿为其效命？

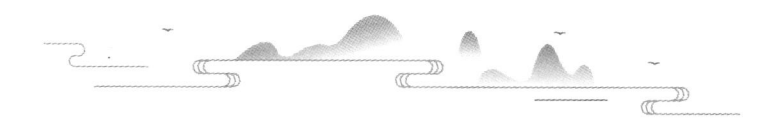

是食言多矣，能无肥乎？

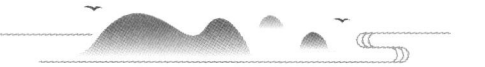

名句的诞生

公宴于五梧，武伯为祝，恶郭重，曰："何肥也？"季孙曰："请饮¹彘也！以鲁国之密迩仇雠²，臣是以不获从君，克免于大行³，又谓重也肥？"公曰："是食言多矣，能无肥乎？"

——哀公二十五年

完全读懂名句

1. 饮：罚酒。2. 密迩仇雠：与仇敌紧密相邻。这里指齐鲁交恶，二国又相为邻。3. 大行：远行。

语译：鲁哀公在五梧摆设筵席，孟武伯上前祝酒，孟武伯厌恶郭重，便对郭重说："你为何这么肥胖？"季康子说："请罚彘（孟武伯）喝酒！因为鲁国与仇敌紧密相邻，我们才不能跟随国君，免去了远行，他又如何能说辛苦奔波的郭重太肥胖呢？"哀公说："他吃自己的话吃多了，能不肥吗？"

名句的故事

鲁哀公二十五年六月,哀公从越国回到鲁国。大夫季康子和孟武伯在五梧恭候迎接。哀公有个亲近的宠臣,名叫郭重。他为国君驾车,远远看到季、孟二位大夫时,就回头对哀公说:"他们说过的坏话很多,请您当面一一追究。"由于季康子和孟武伯有失信于哀公的"前科",郭重这打小报告的话,他就真的放在心上了。

所以,在五梧的酒宴上,当孟武伯很失礼地嫌恶郭重的体型时,哀公的不快可想而知。现场虽有季康子急忙出言缓颊,哀公还是说出了指桑骂槐的话:"是食言多矣,能无肥乎?"表面看来,他是顺着孟武伯的话在嘲笑郭重,听在季、孟二位大夫的耳里,却是语带双关。吃自己的话吃多了,能不肥吗?这分明是拐着弯在骂他们言而无信!他这话说得很尖锐,在那宴会上大家饮酒都不痛快,从此哀公与大夫之间就有了嫌隙。

历久弥新说名句

这句话后来简化为"食言而肥",专指讲话不守信用。也有人发展出"背惠食言"的用法,指的是忘恩又失信于人。

"食言"一词的来源可追溯至《尚书》。《尚书·汤誓》曰:"尔尚辅予一人,致天之罚,予其大赉汝!尔无不信,朕不食言。

尔不从誓言,予则孥戮汝,罔有攸赦。"这是商汤伐夏桀之前向民众宣说的一段誓言。大致是说汤发起革命是上顺天意,下从民意;夏桀丧德败行,此刻正是讨伐桀的时机。所以,汤大声地说:"你们都来辅佐我,共同实现上天对桀的惩罚,我将会大赏你们!你们不要不信任我,我绝不会食言!你们若违反今日的宣誓,我将会奴役、杀戮你们,不会宽恕赦免!"带兵打仗最重要的,就是得先凝聚士兵对领导者的信任和忠诚。将帅不食言,兵士就有信心,这场仗就等于先打赢一半了!

树德莫如滋,去疾莫如尽